Rainer Maria Rilke

W0075511

rowohlts monographien
begründet von
Kurt Kusenberg
herausgegeben von
Uwe Naumann

Rainer Maria Rilke

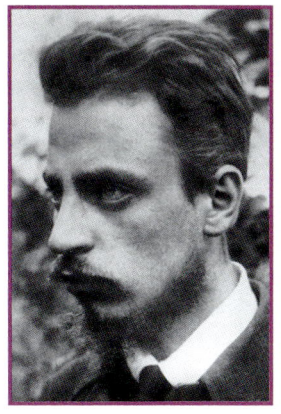

Dargestellt von Gunter Martens und
Annemarie Post-Martens

Rowohlt Taschenbuch Verlag

Umschlagvorderseite: Rainer Maria Rilke in Berlin, 1906
Umschlagrückseite: Rainer Maria Rilke. Gemälde von Leonid Pasternak
(posthum), nach einer eigenen Bleistiftskizze, die 1900 in Moskau entstand.
Privatbesitz
«Für Erika». Ein Brief in Gedichtform an Erika Mitterer vom 24. August 1926

Seite 3: Rainer Maria Rilke, 1900

Originalausgabe
Veröffentlicht im Rowohlt Taschenbuch Verlag,
Reinbek bei Hamburg, Dezember 2008
Copyright © 2008 by Rowohlt Verlag GmbH,
Reinbek bei Hamburg
Umschlaggestaltung any.way, Wiebke Jakobs,
nach einem Entwurf von Ivar Bläsi
Redaktionsassistenz Katrin Finkemeier
Reihentypographie Daniel Sauthoff
Layout Ingrid König
Satz Proforma *und* Foundry Sans *PostScript,*
InDesign CS 3
Gesamtherstellung CPI – Clausen & Bosse, Leck
Printed in Germany
ISBN 978 3 499 50698 7

INHALT

Rainer Maria Rilke. Bronzebüste
von Clara Rilke-Westhoff, 1901

«... da ich nach Anerkennung ausging». Prag, München 1875 – 1897

Als René (Karl Wilhelm Johann Josef) Maria Rilke am 4. Dezember 1875 in der Prager Neustadt geboren wurde, gehörte die alte Hauptstadt des ‹Kronlandes› Böhmen noch zur kaiserlich-königlichen Doppelmonarchie Österreich-Ungarn. Wie allgemein im Vielvölkerstaat waren auch hier die leitenden Stellen in Politik und Gesellschaft vom deutschsprechenden Teil der Bevölkerung besetzt. In Prag bildeten die ‹Deutschen› eine nur kleine Minderheit, die dennoch die meisten einflussreichen Stellen in der Beamten- und Kaufmannschaft, in der Wissenschaft und im Militärapparat innehatte. Mehr als neunzig Prozent sprachen in der Stadt dagegen das Tschechische als Muttersprache. Wenn auch offiziell als gleichberechtigt anerkannt, war der tschechische Bevölkerungsteil in Kultur und Gesellschaft unterrepräsentiert, ja, er fühlte sich unterdrückt. Zur Zeit der Geburt des kleinen René begann diese Mehrheit, ihre Rechte im gesellschaftlichen Leben zunehmend für sich zu reklamieren: Sie forderte eine eigene Abteilung für tschechische Sprache und Literatur an der altehrwürdigen Universität, der ältesten, die im deutschen Sprachraum gegründet worden war. Und auch im Kunst- und Literaturbetrieb besann man sich der eigenen tschechischen Geschichte.

In diesem Zwiespalt der deutschen und der tschechischen Kulturtradition in Prag wurde René hineingeboren. Der junge Dichter blieb von dieser Bewegung nicht unberührt: *Denn der Tag ist gar laut und wichtig in der Stadt der vielen Feindschaften und Falschheiten, und es gehen allmorgentlich zwei Sonnen auf über dem Hradschin: eine deutsche und eine – andere. Diese andere Sonne liebt das Land, und (was noch notwendiger ist) sie begreift es.*[1]

Die Wohnung der Eltern lag in der Heinrichsgasse (Jindřišská ulice) 19, unweit des Wenzelsplatzes, des verkehrsreichen Mittelpunkts der Stadt. Und hier zeichnet sich ein zweiter Gegensatz ab, der stärker als der tschechisch-deutsche Konflikt den Weg des heranwachsenden René bestimmen sollte. Die Mutter Sophie Entz (genannt Phia, 1851–1931) stammte aus großbürgerlichem Haus: Ihre Eltern – Carl Entz, Renés Großvater, hatte es als Fabrikbesitzer und Kaiserlicher Rat zu einigem Wohlstand gebracht – wohnten in der benachbarten Herrengasse, die Gebäude waren entsprechend dem Namen der Straße zumeist von herrschaftlichem Zuschnitt. René wuchs dagegen in eher beengten Verhältnissen auf. *Mein Kindheitsheim war eine enge Mietswohnung in Prag [...] unser kleiner Hausstand [...] in Wirklichkeit kleinbürgerlich [...].*[2]

Der Vater Josef Rilke (1838–1906) hatte ursprünglich das k. u. k. Offizierspatent angestrebt; eine Krankheit zwang ihn jedoch, die Militärlaufbahn abzubrechen. Sein Bruder Jaroslav, der als böhmischer Landadvokat Karriere machte und 1873 als Ritter von Rüliken sogar in den Adelsstand erhoben worden war, eröffnete dem jüngeren Josef die Möglichkeit, bei einer neugegründeten böhmischen Eisenbahngesellschaft eine bescheidene Stellung in der Verwaltung einzunehmen. Diese Position entsprach durchaus nicht den hohen Erwartungen der Mutter Renés. Sie wird in den Lebenszeugnissen als ‹nach Höherem strebend› geschildert, als temperamentvoll und kunstliebend, aber auch als von einer «bigotten Religiosität»[3]; *meine Mutter [...] war eine sehr nervöse schlanke, schwarze Frau, die etwas Unbestimmtes vom Leben wollte.*[4]

Ein Jahr nach der Heirat (1873) wurde eine Tochter geboren, die schon nach einer Woche starb. Der Zweitname Maria, den René bei der katholischen Taufe erhielt, scheint darauf hinzudeuten, dass insbesondere die Mutter den Verlust ihres ersten Kindes bei der Geburt Renés kaum verschmerzt hatte: Bis zum sechsten Lebensjahr bevorzugte sie für ihren kleinen Sohn Mädchenkleider; seinen ersten Knabenanzug erhielt er mit der Einschulung in die Volksschule der Piaristen (1882).

Als die Entscheidung für den weiteren Bildungsweg anstand, hatten sich die Eltern getrennt. *Die Ehe meiner Eltern war schon welk, als ich geboren wurde*, kommentiert Rilke in einem Brief aus dem Jahre 1903.[5] Es dürfte dann der Vater gewesen sein, der sich 1886 bei der Anmeldung seines Sohnes in der Militärunterrealschule

Rilkes Eltern, 1873

St. Pölten durchsetzte. Eine verhängnisvolle Bestimmung, denn
für René war es der Beginn einer *gewaltigen Heimsuchung* [6]: *[…] wenn
man eine sehr dunkle Kindheit hinter sich hat, bei der der Alltag dem*

René Maria Rilke,
1880

*Gehen in dumpfkalten Gassen gleicht und der Feiertag wie ein Rasten im
grauen, engen Lichthof ist, wird man bescheiden. Und noch bescheidener
wenn man aus diesen trüben und doch verweichlichten Tagen, zehn Jahre alt, in das rauhe Treiben einer Militäranstalt gesteckt wird, wo über
das kaum bewußtgewordene Sehnen nach Liebe eine eisige, wilde Pflicht
wie ein Wintersturm hinwüthet, und wo das einsame, hilflose Herz nach
ungesunder Verzärtelung unvernünftige Brutalität erfährt.*[7] Die Kon-
trastierung von *wilder Pflicht* und *ungesunder Verzärtelung* spiegelt
noch einmal den Gegensatz zwischen den beiden Partnern des
Elternpaars: Der Vater, der seinen Sohn mit Säbel und Zinnsolda-
ten versorgte, ihn zu militärischer Härte anhielt, aber für die rege
Phantasietätigkeit und für die früh einsetzenden künstlerisch-

literarischen Interessen seines Sprösslings wenig Verständnis auf-
brachte; die Mutter dagegen, feinsinnig allen Dingen der Kunst gegenüber aufgeschlossen, wenn auch mit einem deutlichen Hang
zur Mystifizierung, verfolgte voller Stolz und Liebe die Entwicklung ihres René zum Dichter.

Mit dem Eintritt in die militärisch-schulische Ausbildung –
nach erfolgreichem Durchlaufen der Unterrealschule wurde
er 1890 in die Militäroberrealschule in Mährisch-Weißkirchen
(Hranice) übernommen – geriet René in die Mühle der an mi-
litärischem Drill und Gehorsam ausgerichteten Erziehung im
Deutschland und Österreich der Jahrhundertwende, die den
jungen Menschen keinen Raum ließ für eigene Bedürfnisse; in

Rilke als Kadett in
St. Pölten, 1888

den Kadettenanstalten der beiden Länder erreichte sie zweifellos ihren Gipfelpunkt. Robert Musil, der selbst fünf Jahre später in die «k. u. k. Militär-Erziehungs- und Bildungsanstalt» in Mährisch-Weißkirchen eintrat, hat in seinem Roman «Die Verwirrungen des Zöglings Törless» (1906) schonungslos den «Unteroffizier-Geist der Militärerziehung»[8] und die Brutalität des Umgangs der Zöglinge untereinander dargestellt.

Inwieweit Rilke vergleichbare Erfahrungen gemacht hat, ist nicht mit Sicherheit zu sagen. Zumindest die Jahrgangsabschlüsse hat er jeweils mit besten Noten bestanden, und selbst zur dichterischen Betätigung ist ihm Gelegenheit gegeben worden. Andererseits dürften der Drill der militärischen Ausbildung und der allgemeine Umgangston in scharfem Kontrast zur Sensibilität des jungen René gestanden haben. Spätere Äußerungen des Dichters – *daß jenes böse und bange Jahrfünft meiner Kindheit so völlig grausam gewesen sei* und er sich am Ende des Martyriums darstellte *als ein Erschöpfter, körperlich und geistig Mißbrauchter [...] betrogen um den arglosesten Teil meiner Kraft*[9] – verweisen aber auch auf ein nachträgliches Hineinsteigern in einen psychischen Komplex, der den tatsächlich gemachten Erfahrungen nicht unbedingt entsprechen musste. Ähnliches ist auch in der gestörten Beziehung zu seiner Mutter zu beobachten.

Immerhin setzt der *Zögling René Rilke* 1891 – nach wiederholtem Kranksein – endlich seine Entlassung aus der Militäroberrealschule durch. Den Sommer 1891 verbringt er zumeist in dem Prager Vorort Smichow, wo Onkel Jaroslav eine Villa gemietet hatte; in den nahegelegenen Industrievierteln hatte der junge René Gelegenheit, schon frühzeitig das Arme-Leute-Milieu kennenzulernen. Hier geht er zwar noch in seiner Uniform spazieren, scheint sich aber bereits ganz seiner Lieblingsbeschäftigung, dem Dichten, hinzugeben. An seine Mutter schreibt der Fünfzehnjährige jedenfalls im Juli 1891, er sei nun *ganz Literat*[10].

Als er am 6. August in der Wiener Zeitschrift «Das interessante Blatt» den Aufruf zu einem Preisausschreiben liest, ist er sofort dabei. Das Thema scheint gleichgültig, ist doch kaum anzunehmen, dass er sich in seinem Alter ernsthaft dafür interessiert, ob die Damen der Gesellschaft nun eine «Schleppe oder keine

Schleppe» tragen sollten – so das gestellte Thema. Wichtig ist, die besten Gedichte sollen prämiert und veröffentlicht werden. Und so wird am 10. September 1891 zum ersten Mal ein Gedicht René Rilkes veröffentlicht: *Die Schleppe ist nun Mode – / verwünscht zwar tausendmal, / schleicht keck sie sich nun wieder / ins neueste Journal! [...]*[11]

Wenige Tage später beginnt René – auf Betreiben der Familie – einen dreijährigen Kurs an der Handelsakademie in Linz, der ihm ermöglichen soll, nach erfolgreichem Abschluss doch noch Offizier zu werden. *Ich habe nur den Rock des Kaisers ausgezogen, um ihn in kurzer Zeit wieder anzuziehen – für immer.*[12] In der reichlich bemessenen Freizeit widmet sich René dem Schreiben; nicht nur zahlreiche Gedichte entstehen, von denen er einen ansehnlichen Teil später in seinen ersten Gedichtband *Leben und Lieder* (1894) aufnimmt, sondern auch vierzehn – unpublizierte – Erzählungen und dramatische Szenen, die er unter dem Titel *Der Thurm* zusammenfasst.

Das Lob in einer Zeitungsnotiz vom 13. Februar 1892 über ein «wirklich gelungenes und sinnreiches Gedicht», das René für Anton Effenberger, den Direktor der Linzer Handelsakademie, verfasst hatte, und vor allem der Abdruck des Gedichts *Antwort auf den Ruf «Die Waffen nieder»*[13] in der Wiener Zeitschrift «Böhmens Deutsche Poesie und Kunst» um Ostern 1892 mögen den Wunsch, ein literarisches Leben zu führen, verstärkt haben. Und wenn vom Herausgeber derselben Zeitschrift der Aufruf an ihn ergeht: «R. R. in Linz: Bitte nur zu senden. Soll uns freuen, je mehr wir davon verwenden können», dürfte er das als weitere Ermunterung verstanden haben, als Dichter an die Öffentlichkeit zu treten.[14]

Doch die ungewohnte Freiheit im Haus des wohlhabenden Ehepaars Drouot, wohin ihn Onkel Jaroslav in Obhut gegeben hatte, befördert nicht nur seine literarischen Ambitionen, sie bietet auch zum ersten Mal Gelegenheit zum Ausleben seiner Gefühle: René entdeckt seine Zuneigung zu den Cousinen seines Freundes Arnold Wimhölzl und beginnt mit beiden einen schwärmerischen Austausch von Briefen, die mit Gedichten durchmischt sind.

Aber es bleibt nicht bei diesen zarten, in Versen sich erfüllenden Beziehungen zum anderen Geschlecht. Im Haus der Gastfami-

13

lie Drouot wird im März 1892 bekannt, was die Schulkameraden schon längst wissen: René hat ein Liebesverhältnis mit Olga Blumauer, Kindermädchen im Haus eines Linzer Kaufmanns. Sie ist einige Jahre älter als René, hübsch, blond, und kommt aus Wien. Zweimal wird Rilkes Vater herbeitelegraphiert, zweimal verspricht René, die Beziehung zu lösen. Doch am 22. Mai 1892 brennen Olga und René – Festlichkeiten des Linzer Sängerfestes nutzend – nach Wien durch. In Angst und Schrecken benachrichtigen die Drouots die Polizei. Die findet denn auch die beiden in einem Wiener Gasthof auf, wo sich Rilke mit vollem Namen eingetragen hatte. Dass das Abenteuer nicht nur der Liebe galt, sondern auch seinem literarischen Ehrgeiz, zeigt ein Schreiben, das er zwei Wochen später, am 16. Juni, an den Verleger einer Wiener Zeitschrift schickt; er bittet um Rückgabe der ihm in Wien überreichten Sammlung mit Gedichten, und zwar mit Kennzeichnung jener Gedichte, die veröffentlicht werden sollen.[15] Am 24. Mai wird René nach Prag, Olga nach Linz zurückgeschickt. Damit bleibt René ohne Abschlusszeugnis der Handelsakademie.

Die männliche Seite der Familie Rilke ist alarmiert. Am 4. Juni 1892 schreibt Onkel Jaroslav an seinen Bruder Josef: «Renés Phantasie ist ein Erbteil seiner Mutter, und durch ihren Einfluß, von Hause aus krankhaft angeregt, durch unsystematisches Lesen allerhand Bücher überheizt – [ist] seine Eitelkeit durch vorzeitiges Lob erregt.»[16] Jaroslav, in der Rolle des Familienoberhaupts, beschließt, der Neffe René solle zunächst einmal das Abitur machen, um Jura studieren zu können; so habe er die Chance, Jaroslavs gutgehende Anwaltspraxis einmal weiterzuführen. Dafür zahlt der Onkel seinem Neffen ein Monatsgeld von 200 Gulden.

Am 12. Dezember 1892 stirbt Jaroslav Rilke; seine beiden Töchter übernehmen die Fortführung der Zahlungen für die Ausbildung des Cousins, der noch an das Sterbebett seines Onkels geeilt war. Im selben Monat lernt René Vally kennen, die seine ehrgeizigen Pläne ein gutes Stück weiterbringen wird. Valerie von David-Rhonfeld ist die Tochter eines höheren Artillerieoffiziers und – was für René in dieser Phase ebenso bedeutungsvoll ist – die Nichte des bekannten tschechischen Dichters Julius Zeyer. Zeichnerisch talentiert, schreibt sie auch Kurzgeschichten. Sie ist ein Jahr älter als René, gut aussehend; als adlige Tochter aus vornehmem Haus kann sie eine Stellung in der oberen Deutsch-Prager Gesellschaft beanspruchen. All das mag sie in den Augen des jungen René höchst attraktiv und begehrenswert erscheinen lassen. Jedenfalls umwirbt er sie sogleich mit Gedichten, in denen er sie als *schönste der Frauen*[17] preist.

Sie jedoch muss sich erst an sein Äußeres gewöhnen, «an seine durch ständigen Schnupfen geschwollene Nase», den «großen Mund mit wulstigen Lippen» und an «das lange, schmale, […] von Eiterpusteln […] entstellt[e]» Gesicht. Aber seine flehentlichen Briefe, die sich zu mehreren am Tag häufen, sobald sie sich von ihm zurückzuziehen droht, seine Selbstmordgedanken bringen sie schließlich dazu, «dieses arme unglückliche Geschöpf zu lieben». Sie wird seine *göttliche Vally*[18], Ansporn, Helferin und – für drei Jahre – seine Gefährtin, seine Geliebte. In ihrem stilvoll

Rilkes erster Gedicht-band, 1894

eingerichteten Zimmer erledigt er am Nachmittag seine Hausaufgaben, schreibt Gedichte und träumt mit Vally den Traum einer gemeinsamen künstlerischen Zukunft.

Im November 1894 erscheint bei Kattentidt, einem kleinen Verlag in Straßburg und Leipzig, *Leben und Lieder. Bilder und Tagebuchblätter.* Es ist Rilkes erster selbständig gedruckter Gedichtband. Er ist mit der Widmung *Vally von R… zu eigen* versehen, hatte doch Vally von ihrem Taschengeld und durch den Verkauf geerbter Schmuckstücke den Druck finanziert.

Hoffnung, die Aufmerksamkeit der Öffentlichkeit auf sich zu ziehen und Anerkennung auch bei seinem Vater zu finden, hatte er bereits mit dem Erscheinen der dialogischen Erzählung *Feder und Schwert* verbunden, die am 29. April 1893 im Prager «Deutschen Abendblatt» erschien. Dieses erste Prosastück, das von Rilke veröffentlicht wurde, leitet eine Reihe von erzählerischen Texten ein, die in den nächsten Jahren einen wichtigen Stellenwert im literarischen Schaffen des Dichters bilden werden. Stolz schreibt René am 1. Mai seiner Mutter: *Was sagst Du zu «Feder und Schwert»? Hat es Dich gefreut? – Sogar Papa fand sehr viel Gefallen daran.*[19]

Rilke selbst hat später die mindere Qualität seiner frühen Versuche sehr klar gesehen und sie von jedem Nachdruck ausgeschlossen. *Die früheste Publikation «Leben und Lieder» ist ganz ohne Belang und, soviel ich weiß und hoffe, eingestampft worden,* schreibt er am 7. Januar 1906 seinem tschechischen Übersetzer und Biographen.[20] 1924 fällt die Selbstkritik noch schärfer aus: *[…] meine zeitigsten Publikationen stammen aus ihr* [der *lebhaften Produktivität* in den Jahren der Vorbereitung auf das Abitur] *–, alle jene Versuche und Improvisationen, von denen ich […] nur wünschen konnte, ich hätte […] sie in meinem Schultisch-Laden zurück[ge]halten.* Aufschlussreich ist die angefügte Begründung: *Daß sie trotzdem hinausgerieten, ja von mir mit allen Mitteln hinausgedrängt wurden, hat den gleichen Grund, durch den sie mir heute so ungeeignet scheinen, die Anfänge dessen zu bedeuten, was mir nach und nach gelingen sollte. […] mich [trieb] dazu der ungeduldige Wunsch, meiner widerstrebenden Umgebung mein Recht auf solche [dichterische] Betätigung zu erweisen […]. Ja mehr als alles hoffte ich wohl dieses: in der Öffentlichkeit solche zu finden die mir helfen könnten, Anschluß an jene geistigen Bewegungen zu gewinnen,* *von denen ich mich in Prag [...] ziemlich ausgeschlossen glaubte. Es ist die einzige Zeit in meinem Leben, da ich nicht innerhalb der Arbeit rang, sondern mit ihren dürftigen Ansätzen nach Anerkennung ausging [...].* [21]

Nach dreijähriger intensiver Vorbereitungszeit besteht René am 9. Juli 1895 die Reifeprüfung am Graben-Gymnasium in Prag «Mit Auszeichnung». Auch an diesem großen Erfolg hatte Vally zweifellos keinen geringen Anteil, war sie doch immer bereit gewesen, seine Probleme und Sorgen anzuhören und ihn in seiner Arbeit zu ermutigen. Noch am 4. November 1894, in der Nacht vor seinem neunzehnten Geburtstag, hatte René ihr in einem ausführlichen Rechenschaftsbericht seine belastenden Erlebnisse und Konflikte aufgeschrieben.

Dieser lange Brief ist das früheste autobiographische Zeugnis des Dichters, das uns erhalten ist. In ihm stellt er vor allem die beiden leidvollen Punkte seiner Kindheit, die Beziehung zur Mutter und seine Militärschulzeit, heraus. Sie seien jedoch zugleich auch Motivation seines Dichtens gewesen, das ihm in dieser schwierigen Zeit praktischen Trost in seiner Einsamkeit gespendet habe. *Du kennst die lichtarme Geschichte meiner Kindheit [...]. Du weißt, daß ich einen großen Teil des Tages einer gewissensarmen und sittenlosen Dienstmagd überlassen war, und daß diejenige Frau, deren erste und nächstliegende Sorge ich hätte sein sollen, mich nur liebte, wo es galt, mich in einem neuen Kleidchen vor ein paar staunenden Bekannten aufzuführen.* Über die Militärschule schreibt er: *Ich duldete Schläge, ohne je einen Schlag erwidert oder wenigstens mit einem bösen Worte vergolten zu haben. [...] ich floh dann immer zurück bis in die äußerste Fensternische, verbiß meine Tränen, die dann erst in der Nacht [...] sich ungestüm und heiß Bahn brachen. [...] Dafür entwickelte sich zu jener Zeit der Trieb zu dichten, der mir schon in seinen kindlichen Anfängen Trost verschaffte. [...] In dieser Zeit [der verhaßten Militärschule], die ich ja meistens im Krankenzimmer mehr geistig vergrämt als körperlich krank verbrachte, bildeten meine poetischen Versuche sich zu größerer Klarheit und Selbständigkeit heraus [...].* [22]

Doch der Traum künftiger Gemeinsamkeit am Ende des Briefes – *Dann laß uns den ersehnten Hausstand gründen [...]* – wird keinen Bestand haben. Schon wenige Wochen nach der Reifeprüfung erhält Valerie von David-Rhonfeld folgenden Brief: *Liebe*

Vally, Dank für das Geschenk der Freiheit, Du hast Dich groß und edel erwiesen auch in diesem schweren Augenblick, besser als ich [...].[23] Mehr als dreißig Jahre später, kurz nach Rilkes Begräbnis, zeichnet Valerie, die jetzt über Fünfzigjährige, noch voller Zorn und Verletztheit ihre Erinnerungen an den Freund der Jugendzeit auf, aber auch voll tiefer Trauer ihr Gedenken an ihre «unglückliche Zuneigung zu René»[24].

Inzwischen hat René im Wintersemester 1895/96 das Studium an der Carl-Friedrich-Universität in Prag aufgenommen. Er belegt Vorlesungen in Kunst- und Literaturgeschichte sowie in Philosophie, wechselt aber dann, um dem Wunsch seines verstorbenen Onkels Jaroslav nachzukommen, offiziell an die Juristische Fakultät. Doch statt zu studieren, sucht er weiter nach neuen Kontakten. In Professor August Sauer, Ordinarius für Neuere deutsche Literaturgeschichte, findet er einen interessierten und verständnisvollen Förderer seiner hochgesteckten Ziele. Sauer ist einer der Ersten, der das herausragende dichterische Talent des jungen René Rilke erkennt. Er lädt ihn in seinen Salon ein, wo sich ein Kreis kulturell aufgeschlossener Intellektueller zusammenfindet; als kompetenter Kenner der modernen literarischen Strömungen berät er seinen jugendlichen Freund, gibt ihm kritische Anregungen und vermittelt Verbindungen zu den Schriftstellerverbänden Prags. Bis in die späten Jahre hinein lässt Rilke seinem akademischen Lehrer regelmäßig seine neuerschienenen Bücher zukommen. Im Eingangsvermerk des 1899 veröffentlichten Gedichtbandes *Mir zur Feier* dankt er *Herrn Prof. Dr. August Sauer* für *heimatliche Teilnahme.*

DIE giebelige, türmige Stadt ist seltsam gebaut: die große Historie kann in ihr nicht verhallen. [...] Glänzende Namen liegen, wie heimliches Licht, auf den Stirnen stiller Paläste. [...] Brücken sind über den gelblichen Strom gebogen, der, an den letzten verhutzelten Hütten vorbei, breit wird im flachen böhmischen Land. [...] Tannen dahinter beenden schweigsam das Land. [...] So ist meine Heimat.

«Ein Prager Künstler». SW V, 469

Heimatlich ist für Rilke ein Wort, das ihm gewiss nicht leicht von der Zunge geht. Sein Leben lang begleitet ihn ein Bewusstsein der Heimatlosigkeit. «Daß Rilke ein Heimatgefühl fehlte, war mir verständlich; als Tscheche von Geburt und Deutscher der Kultur nach kannte er kein Vaterland», bemerkt die deutsch-

Prag: die Karlsbrücke über die Moldau, im Hintergrund
der Hradschin mit dem Veitsdom. Foto, um 1885

russische Freundin Sofja N. Schill in ihren «Erinnerungen».[25]
Dennoch, wenn er denn überhaupt von *Heimat* spricht, so ist es
vor allem Prag – *Aber wo das Land, wo das tote, steinerne Prag seine
uralte Sprache spricht, da fühl' ich ein kindliches Lauschen in mir und ein
Verstehen [...]*[26] – und später dann Russland. Es lässt sich bei Rilke
eine «überraschende, offene Wahrnehmung der tschechischen
Wirklichkeit» feststellen, die in Opposition zum «Verhalten der
deutsch-bürgerlichen Minorität» stand. «Hier entwickelte sich
eine innere Prädisposition, die ihn später [...] die vielfach variier-
te Überzeugung aussprechen ließ, ein ‹irgendwo tief slavischer
Mensch› zu sein.»[27]

Ende 1895 erscheint sein zweiter Gedichtband *Larenopfer* mit
einem von Vally entworfenen Umschlag. In ihm hat Rilke seiner
Heimatstadt Prag ein Denkmal gesetzt, das auch heute noch
Gültigkeit besitzt. Fast ausschließlich Prager Motive und tschechische Gestalten, darunter auch der legendäre Rabbi Löw, der das
Judentum der böhmischen Hauptstadt repräsentiert, bestimmen
das Gesicht dieses Bandes. Ein Gedicht ist dem Andenken Kajetan

Týls gewidmet, dessen populäres Lied «Kde domov můj» («Wo ist meine Heimat?») nach 1918 zur tschechischen Staatshymne werden sollte.

Die Wirklichkeit der Prager Fabrikvorstadt findet freilich nur in einem Gedicht (*Hinter Smichow*) unmittelbaren Eingang in die Verse des *Larenopfers*. Deutlicher als in der Lyrik zeigt sich Rilkes Interesse für gesellschaftliche Probleme in den Dramen, die in den letzten Prager Jahren entstehen. Mit *Im Frühfrost* (September 1895) schlägt der junge Rilke einen sozial aufbegehrenden Ton an, der an das gesellschaftskritische Drama eines Gerhart Hauptmann er-innert: *Die Oben – die Reichen, die haben leicht predigen. Die sitzen beim vollen Tisch und fressen und füllen sich den feisten Wanst und sprechen mit schönen Worten über ‹gut› und ‹edel› und über die Massen derer, die verderbt sind! – Und dann laufens selbst in den schmutzigen Gassen und Winkeln den Mädeln nach und verführen sie und jagens in Elend und Tod..... Wer macht uns denn schlecht? – Wer? Wir selbst? daß ich nicht lach! – Die, die fort im Maul führen, daß sie uns bessern und bilden! Ja! [...] das weiß ich, weil ich nicht auf den Kopf g'fallen bin: Gut ist's so nicht. Und bleiben kanns so auch nicht!*[28] Mit beeindruckender Vir-tuosität trifft der junge Dichter Thematik und Tonfall der zeitge-nössischen naturalistischen Strömung, verarbeitet die Vorbilder eines Gerhart Hauptmann und eines Max Halbe durchaus eigen-ständig und deutet zugleich mit der symbolistisch-stimmungshaf-ten Ausmalung einzelner Szenen auf spätere Entwicklungen hin. Am 20. Juli 1897 wird das Stück im Deutschen Volkstheater Prag uraufgeführt. Mit dem genialen Max Reinhardt in der Hauptrol-le findet die Aufführung ein überaus positives Echo in der Prager Presse.

Alle Mittel, auch gegenseitige Gefälligkeitsbesprechungen, sind dem Rilke dieser Prager Jahre recht, um auf sich aufmerksam zu machen. Seine Betriebsamkeit kennt keine Grenzen: Er bom-bardiert Zeitungen und Zeitschriften, Verlage und durchreisende Dichter mit seinen schnell geschriebenen Versen, streckt seine Fühler aus, um über das engere böhmische Umfeld hinaus seinen Gesichts- und Wirkungskreis zu erweitern, knüpft nach Berlin, Wien, Leipzig, Hamburg Verbindungen an, besucht die literari-schen Clubs und Salons der Stadt, stellt sich bei den Exponenten des künstlerischen Lebens in Prag persönlich vor und gründet schließlich eine eigene Zeitschrift der besonderen Art. Sie wird nicht verkauft, sondern kostenlos verteilt und könnte somit als Gipfel seines sozialen Engagements gelten. *Wegwarten* nennt Rilke sein Projekt, das zur Veröffentlichung eigener Texte gedacht ist: *Lieder, dem Volke geschenkt.* Die erste Nummer geht Ende 1895 aus eigenen Mitteln in den Druck. Rilke verschenkt seine Zeitschrift an Volksvereine und Krankenhäuser und stellt sich selbst auf belebte Plätze, um die Blätter an Passanten zu verteilen. Letztlich war ihm auch dieses in kleiner Auflage gedruckte Blatt eher ein weiteres Mittel, sich vor den mitdichtenden Kollegen zu beweisen, als dass es der Idee einer ästhetischen Volkserziehung entsprang. Zwei weitere Nummern der *Wegwarten* erscheinen noch, die letzte öffnet sich auch anderen Autoren und sollte der Gründung eines neuen Dichterbundes vorarbeiten.

Von den vielen Kontakten, die Rilke in der Betriebsamkeit seiner Prager Jahre anknüpft, ist die Beziehung zu dem gleichfalls in Prag geborenen Maler und Graphiker Emil Orlik (1870–1932)

Der Einundzwanzigjährige. Karikatur von Emil Orlik, 1896

21

die vielleicht bedeutendste. Mit ihm besucht er die Abende des «Vereins Deutscher Bildender Künstler in Böhmen», lässt sich durch seine Zeichnungen zu tschechischen Motiven anregen und gewinnt in ihm einen kongenialen Illustrator seiner Veröffentlichungen. Für die fruchtbare Zusammenarbeit, die in treffenden Porträts des Dichters dokumentiert ist, dankt er mit dem Aufsatz *Ein Prager Künstler,* der 1900 in der Zeitschrift «Ver Sacrum» erscheint und zu den eindrucksvollsten Dokumenten der Verbundenheit Rilkes mit seiner tschechischen Heimat zählt.

Als Orlik sich im Sommer 1896 entschließt, nach München überzusiedeln, folgt ihm Rilke bald nach. Prag war ihm zu eng geworden. *Diese Leute mit dem Kirchthurmhorizont, mit den kleinen Interessen und Sorgen widern mich fast ebenso an, wie meine Prager Verwandtschaft*[29], schreibt der Zwanzigjährige. Zudem wird ihm immer mehr bewusst, dass die deutsche Sprache in Böhmen, inmitten einer tschechischsprechenden Landbevölkerung, künstlich und ausdrucksarm ist. «Es mangelt an der Fülle des erdgewachsenen Ausdrucks, es mangelt an Fülle mundartlicher Formen», bemerkt der ebenfalls im Böhmischen gebürtige Schriftsteller und Sprachphilosoph Fritz Mauthner.[30] Ganz in diesem Sinne schreibt Rilke an August Sauer: *Die unselige Berührung von Sprachkörpern, die sich gegenseitig unbekömmlich sind, hat ja in unseren [österreichischen] Ländern dieses fortwährende Schlechtwerden der Sprachränder zur Folge.*[31] Noch Jahre später bekennt er einem befreundeten schwedischen Dichter: *Du glaubst nicht, wie sehr ich mich im Deutschen immer noch als ein Anfänger fühle, der noch weit entfernt ist, sicher und entschlossen nach den Worten zu greifen, die jedesmal die einzig richtigen sind.*[32]

München war durch sein lebendiges künstlerisches Leben, das in der Zeitschrift «Jugend» soeben ein epochemachendes Organ bekommen hatte, besonders attraktiv. Bereits im Sommer 1894 hatte René zusammen mit seinem Vater die bayerische Hauptstadt besucht; die Museen, insbesondere die alte Pinakothek, hatten ihn begeistert. Im September 1896 schreibt er sich als Student der Philosophie an der bayerischen Ludwig-Maximilians-Universität ein. Das ‹Monatsgeld›, das ihm der Vater nach langem Zögern endlich bewilligt hatte, und die Unterstützung von Onkel Jaroslavs Töchtern, die sie dem Cousin als «lästige Pflicht» weiterzahlen[33], erlauben ihm immerhin, zwei schöne Zimmer im Erdgeschoss der Münchner Brienner Straße 48 zu beziehen. «Mit zierlichen alten Dingen, vor allem auf dem Schreibtisch, hatte er sich voll Kultur und Geschmacks seine auf ihn und seine feinen leisen [...] Verse abgestimmte Umgebung geschaffen»[34], erinnert sich Wilhelm von Scholz, ein etwa gleichaltriger Autor, den Rilke im «Luitpold» kennengelernt hatte, dem berühmten Münchner Kaffeehaus, in dem sich damals die künstlerische Avantgarde traf.

‹Das Luitpold›. Das ist doch etwas. Man setzt sich zu einem der kleinen Marmortischchen und legt einen Stoß Zeitungen neben sich und sieht gleich ganz furchtbar beschäftigt aus. Dann kommt das Fräulein in Schwarz und gießt so im Vorübergehen die Tasse mit dem dünnen Kaffee voll, o Gott, so voll, daß man sich gar nicht traut, auch noch den Zucker hineinzuwerfen. So schildert Rilke das Künstlercafé in seiner Erzählung Ewald Tragy. Dieser autobiographische, erst posthum erschienene Text erzählt im ersten Teil recht satirisch den Aufbruch des jungen Dichters aus einem kleinbürgerlichen Prager Milieu nach München. Der zweite Teil beschreibt die Konflikte der Münchner Zeit. Als Ewald (alias René) sich mit seinem neugewonnenen Dichterfreund von Kranz, hinter dem unschwer Wilhelm von Scholz zu erkennen ist, für eine Höhenkunst begeistert, quittiert das der erfahrenere Thalmann mit der lakonischen Bemerkung: Quatsch. Ewald bezieht diese vernichtende Kritik auf sich selbst: Er kann dieses lächerliche ‹Quatsch› nicht vergessen, das so schwer und breit auf die Begeisterung des Propheten fiel, und, was das Schlimmere ist, er hört es noch immer fallen [...]. Und er schreibt an Thalmann einen Brief, der überströmt von Dankbarkeit: Sie haben ganz recht, [...] ich war ja so falsch und phrasenhaft geworden. Jetzt sehe ich Alles ein und begreife Alles. Sie haben mich geweckt aus einem bösen Traum.[35]

Traumverlorenheit und Sentimentalität, davor suchte Jakob Wassermann, der sich hinter der skurrilen Gestalt Thalmanns verbirgt, den zwei Jahre jüngeren René Rilke zu bewahren. Die Kritik des später erfolgreichen Romanautors Wassermann war hart und kompromisslos; er ermahnte ihn, den Kontakt zur alltäglichen Wirklichkeit nicht zu verlieren, und half ihm so, das lyrische Ungefähr[36] seiner frühen Dichtungen zu überwinden. Er vermittelte ihm wichtige Lektüreerlebnisse wie Fjodor Dostojewskij und

Iwan Turgenjew und machte ihn auf die Romane Jens Peter Jacobsens aufmerksam. Der dänische Erzähler wurde für Rilke in diesen Jahren, neben Detlev von Liliencron, den er als Exponenten der modernen deutschen Lyrik hoch verehrte, zu einem der entscheidenden Wegbereiter einer neuen Dichtungsauffassung. Noch 1906 schreibt er seinem Verleger, dass er ein *Jacobsen-Buch* zu schreiben plane.[37]

Wassermanns Impulse führen René zu einer stärkeren Reflexion künstlerischer Zusammenhänge. In Rezensionen und in Berichten über das Münchner Kunstleben beginnt er seine eigene Position zu definieren. In dem *Liederkranz*, der unter dem Titel *Traumgekrönt* Ende 1896 in Leipzig erscheint, tritt die Außenwelt, die noch in den Versen der Sammlung *Larenopfer* dominierte, zugunsten der Innenwelt des Träumenden und des Liebenden zurück; jedoch bleibt die Darstellung noch im traditionellen Klischee des Volksliedtons und der Abgegriffenheit der Metaphern stecken.[38] Für diese Schwächen seiner Kunst hat der junge Rilke freilich noch keinen Blick. Voller Stolz verschickt er an Freunde, Kollegen und Förderer sogleich Exemplare von *Traumgekrönt*, jeweils versehen mit Widmungsgedichten in ganz persönlichem Ton, die er fein auf den Empfänger abstimmt.

Rilke beginnt im Oktober 1896 mit dem Studium der «Geschichte der bildenden Künste im Zeitalter der Renaissance», aber mehr bedeutet ihm das literarische Arbeiten; er entwirft eine Reihe von Versen, die er *Christus / Elf Visionen* betitelt. Und immerzu sucht er nach Menschen, die sich für ihn und seine Dichtung verwenden. Die Erwartungen, mit denen er nach München gekommen ist, sollten sich bald erfüllen, aber sie enthalten auch Befürchtungen, die ihn sein Leben lang begleiten: *Für die Gegenwart hege ich heißes Streben nach Licht, für die Zukunft eine Hoffnung und eine Furcht. Hoffnung: Inneren Frieden und Schaffensfreude. Furcht (als erblich nervös belastet): Wahnsinn!*[39]

«Gib mir eine Form».
Lou und Rainer 1897 – 1903

Am 12. Mai 1897 findet bei Jakob Wassermann, der einen kleinen Kreis Auserwählter zum Tee eingeladen hatte, jene folgenschwere Begegnung statt, die zu einer tiefgreifenden Veränderung im Leben Rainer Maria Rilkes führen wird: Rilke lernt die damals schon hoch angesehene Schriftstellerin Lou Andreas-Salomé kennen. Noch anderthalb Jahrzehnte nach ihrer ersten Begegnung, unmittelbar vor Beginn seiner *Duineser Elegien*, dankt er ihr rückblickend dafür, *daß in einem besonderen Jahr, als es gar nicht weiter ging oder vielmehr nirgends anfangen konnte (denn es war ja noch rein nichts da –) Du gekommen bist –: das kann nur einmal sein, wie es nur eine Geburt gibt*[40]. Das Zusammentreffen war nicht zufällig. René wollte die berühmte Nietzsche-Freundin kennenlernen und hatte Wassermann gebeten, es zu organisieren; er kannte ihre 1895 erschienene Erzählung «Ruth», und gerade kürzlich hatte er ihre in der «Freien Bühne» abgedruckte religionsphilosophische Abhandlung «Jesus der Jude» gelesen. Und all das, was er in seinen eigenen *Christus-Visionen*, die ihn seit dem Herbst 1896 beschäftigten, ausdrücken wollte, fand er bei ihr *mit der gigantischen Wucht*

Lou Andreas-Salomé,
geboren am 12. Februar 1861, wuchs als Tochter des russischen Generals Gustav von Salomé und seiner Frau Luise, geb. Wilm, in Petersburg auf. Als eine der ersten weiblichen Studierenden nahm Lou im Herbst 1880 an der Universität Zürich das Studium der Theologie, Philosophie und Kunstgeschichte auf. Auf einer Reise nach Rom lernte sie im April 1882 Friedrich Nietzsche kennen, dessen Heiratsantrag sie ablehnte. 1887 heiratete sie den fünfzehn Jahre älteren Orientalisten Friedrich Carl Andreas, dem sie – trotz vereinbarter sexueller Enthaltsamkeit – bis zu seinem Tod (1930) verbunden blieb. Mit Romanen und Erzählungen, mit philosophischen und geistesgeschichtlichen Abhandlungen hat sie eine breite Anerkennung gefunden. Ihr früh entwickeltes Interesse für psychologische Problemstellungen führte sie 1911 zu einem intensiven Studium der Psychoanalyse bei Sigmund Freud, mit dem sie in den Folgejahren eine herzliche Freundschaft pflegte. Am 5. Februar 1937 starb sie in Göttingen.

Rainer Maria
Rilke, 1896/97

einer heiligen Überzeugung so meisterhaft klar ausgesprochen. Einen Tag nach der Begegnung gesteht er der bewunderten Frau in einem ersten Brief: *Ihr Essay verhielt sich zu meinen Gedichten wie Traum zu Wirklichkeit wie ein Wunsch zur Erfüllung.*[41]

Doch Lou Andreas-Salomé sieht im «blutjungen Rainer» zunächst keineswegs «den zukunftsvoll großen Dichter, der er werden sollte».[42] Auch die äußere Gestalt Rilkes scheint ihr wenig attraktiv. Sie bemerkt zwar seine «seelenvolle[n] Augen», aber auch den «dünnen Hals», «schmale Schultern» und «keinen Hinterkopf», wie sie ihrem Tagebuch anvertraut.[43] Dennoch fühlt sie sich von seiner «männlichen Anmut» angezogen und wird, genau wie vier Jahre zuvor Vally, überwältigt von der trotzigen Beharrlichkeit, mit der Rilke sie mit Gedichten, Briefen und Blumen bestürmt. Und dann geht alles sehr schnell: Die beiden fahren am 31. Mai 1897 an den Starnberger See und übernachten in dem

Lou Andreas-
Salomé, 1894

kleinen Dorf Wolfratshausen, weil Lou ‹etwas Gebirgsnahes› für
einen Sommeraufenthalt mit ihrer Freundin, der Afrikareisenden
Frieda von Bülow, sucht. Eine Woche nach dieser Übernachtung
erinnert er Lou in einem Brief an den *Märchenmorgen* am 1. Juni,
an jene *seltenen Stunden,* die *wie ein dichtumblühtes Inselland* sind,
losgelöst von allen andern, wie gelebt in einem zweiten höheren Sein. [44]

Als Lou am 14. Juni mit ihrer Freundin von München in die
Sommerfrische Wolfratshausen zieht, kommt René mit. Es wird
eine glückliche Zeit für den jungen Dichter, aber auch für Lou,
die zwar verheiratet ist, aber erst durch Rilke in der *Juninacht* zur
Frau geworden sein soll. Die etwa hundert Liebesgedichte, die bis
zum Herbst 1900 entstehen, sind nicht mehr an eine imaginäre
Geliebte gerichtet, sondern haben Lou als Adressatin. Rilke übergibt ihr 1898 einen Teil in einer Sammelhandschrift, die er *Dir zur
Feier* nennt. Einer Veröffentlichung dieser Gedichtsammlung hat

Lou nicht zugestimmt. Die Mehrzahl dieser sehr persönlichen Verse scheinen beide in einer gemeinsamen Aktion vernichtet zu haben. Ein Gedicht allerdings, das nach Lous Angaben im Sommer 1897 in Wolfratshausen entstanden ist, hat sie ausdrücklich von diesem Autodafé ausgenommen und für den Abdruck im *Stunden-Buch* bestimmt:

> Lösch *mir die Augen aus: Ich kann Dich sehn*
> *Wirf mir die Ohren zu: ich kann Dich hören*
> *Und ohne Fuß noch kann ich zu Dir gehn*
> *Und ohne Mund noch kann ich Dich beschwören.*
> *Brich mir die Arme ab: ich fasse Dich*
> *Mit meinem Herzen wie mit einer Hand*
> *Reiß mir das Herz aus und mein Hirn wird schlagen*
> *Und wirfst Du mir auch in mein Hirn den Brand*
> *So will ich Dich auf meinem Blute tragen.*[45]

Diese frühen Verse gehören zu den eindringlichsten Liebesgedichten, die Rilke geschrieben hat. Sie zeigen, wie er in dieser Phase sich Ausdrucksmittel aneignet – hier die fast barock anmutenden Paradoxien, mit denen er das Liebeserlebnis zu fassen sucht –, die überzeugend das *unsagbar Wirkliche* der neuen Beziehung zum Ausdruck bringen.

Die außerordentliche Bedeutung Lous für seine Selbstwerdung und der kaum zu überschätzende Einfluss, den sie auf seine künstlerische Entwicklung nimmt, zeigt sich sehr bald in gravierenden Veränderungen seiner Denkweise und seines Lebensstils. In seiner Kleidung und in seinem Essen wird eine Schlichtheit im Sinne der Reformbewegung sichtbar, in den Briefen sucht er die Überschwänglichkeit zurückzunehmen, selbst das Schriftbild verliert seine Schnörkelhaftigkeit. Diese Liebesbeziehung wandelt ihn von Grund auf um, er wird zu einem neuen Menschen, was er konsequent durch eine Namensänderung betont: Aus René wird nun Rainer, mit dem Namenszug *Rainer Maria Rilke* zeichnet er nach dem Sommer 1897 alle seine Veröffentlichungen.

In der Rückschau des Novembers 1903 fasst Rilke die neue Wahrnehmungsweise zusammen, die ihm Lou vermittelt: *[...]*

die umgestaltende Erfahrung, die damals, an hundert Stellen zugleich, mich ergriff, sie ging von dem unsagbar Wirklichen aus das Du warst. Nie hatte ich, in meiner tastenden Zaghaftigkeit, Seiendes so gefühlt, an Vorhandenes so geglaubt und das Kommende so erkannt; Du warst alles Zweifels Gegentheil und ein Zeugnis warst Du mir dessen daß alles i s t was Du berührst, erreichst und schaust. Die Welt verlor das Wolkige für mich, dieses fließende Sich-Formen und Sich-Aufgeben, das meiner ersten Verse Art und Armuth war; […] ich lernte eine Einfachheit, lernte langsam und schwer wie schlicht alles ist, und wurde reif von Schlichtem zu sagen. Und das alles geschah, weil ich Dir begegnen durfte, damals als ich zum ersten Mal in Gefahr war, mich an Formloses fortzugeben.[46]

Nimm mich, gib mir eine Form […]. Diesen Hilferuf formuliert Rilkes Held *Ewald Tragy,* als er, krank und von Depressionen geplagt, in München ankommt, und in der autobiographischen Erzählung heißt es weiter, es sei *ein Schrei nach Mütterlichkeit, der weit über ein Weib hinausreicht, bis zu jener ersten Liebe hin, in welcher der Frühling froh und sorglos wird.*[47]

Lou hat auch diese Rolle angenommen, neben den anderen: «War ich jahrelang Deine Frau, so deshalb, weil Du mir d a s e r s t m a l i g W i r k l i c h e gewesen bist, Leib und Mensch ununterscheidbar eins […]. Darin wurden wir Gatten, noch ehe wir Freunde geworden, und befreundet wurden wir kaum aus Wahl, sondern aus ebenso untergründig vollzogenen Vermählungen. Nicht zwei Hälften suchten sich in uns: die überraschte Ganzheit erkannte sich erschauernd an unfaßlicher Ganzheit. So waren wir denn Geschwister – doch wie aus Vorzeiten, bevor Inzest zum Sakrileg geworden ... »[48]

Am 1. Oktober 1897 kehrt Lou nach Berlin zurück zu ihrem Ehemann Friedrich Andreas. Rilke folgt ihr und bezieht ein möbliertes Zimmer in Berlin-Wilmersdorf, unweit ihres Hauses. Man hat sich offensichtlich arrangiert: Er wird ein gerngesehener Gast beim Ehepaar Andreas, sie verbringen Abende zu dritt, doch vorzugsweise ziehen sich die beiden Liebenden zurück, um kunsthistorische und philosophische Fragen zu diskutieren oder die eigenen Arbeiten weiterzutreiben.

Rilke arbeitet in diesen Wochen vor allem an Erzählungen, die er in München begonnen hatte und die thematisch teilweise noch auf die früheren Prager Jahre zurückgreifen. *Am Leben hin* ist eine erste Sammlung von *Novellen und Skizzen*, die 1898 erscheint. Beispiele einer verfehlten Lebenseinstellung werden vorgeführt. Teilweise noch an die Sozialkritik der früheren Dramen anknüpfend, zeigt der Dichter, wie das Dasein der ‹kleinen Leute› in Alltäglichkeit und leerer Konvention erstarrt und keine Möglichkeit hat, die Entfremdung des Lebens zu überwinden und einen intensiveren Lebensvollzug zu erreichen. Einzelne Figuren sind überdeutlich autobiographisch gezeichnet, so etwa die Mutter-Sohn-Konstellation in der abschließenden Erzählung *Einig*. Hinter all diesen Schicksalen wird ein Lebensbegriff erkennbar, der – bestärkt durch die mit Lou betriebenen Nietzsche-Studien – bewusst ein christliches Jenseits ausschaltet. In den *Zwei Prager Geschichten*, die ein Jahr später als Buch nachfolgen, sind es Begebenheiten aus der jüngeren Geschichte Tschechiens, die der Erzähler aufgreift, wenn auch das Ergebnis aus literarischer Sicht nicht vollauf befriedigt.

Auch in Berlin bemüht sich Rilke um Kontakte zur aktuellen literarischen Szene, und Lou ist ihm eine wertvolle Hilfe. Am 14. November 1897 begleitet er seine Freundin in den Salon des Malers Reinhold Lepsius, um Stefan George bei einer Lesung zu hören. Die Hoffnung, in den engeren Kreis des ‹großen Meisters› zu gelangen, lässt Rilke nicht zur Ruhe kommen. Nach drei Wochen bittet er schließlich in einem äußerst gestelzt geschriebenen Brief um Aufnahme in den *engeren, von den Mitgliedern erkorenen Leserkreis der «Blätter für die Kunst»*[49]. «Ihr wunsch [ist] schon, indem Sie ihn aussprechen, erfüllt»[50] – Rilke wird Abonnent der Zeitschrift, aber nicht gebeten, dem Kreis beizutreten.

Weitere Verbindungen zu einflussreichen Exponenten des kulturellen Lebens in Berlin fädelt Lou ein: Anfang Dezember 1897 nimmt sie Rilke zu einer literarischen Veranstaltung des S. Fischer-Verlags mit, wo er nicht nur die Hausherrin Hedwig Fischer kennenlernt, sondern auch Carl Hauptmann, mit dem er im Herbst 1900 gemeinsame Tage in Worpswede verbringen wird. Aber auch mit anderen tonangebenden Autoren der Zeit hält Rilke in diesen Monaten Kontakt: mit seinem Mentor Detlev von Liliencron, für den er noch Anfang Januar 1897 in Prag *mit großem Er-*

folg einen öffentlichen Abend veranstaltet hatte, und ebenso mit dessen Hamburger Freund Richard Dehmel (1863–1920), dessen Lyrik und Epen ihm auch in dieser Zeit noch Vorbild bleiben. Der Bewegung des Jugendstils sucht er sich in der ersten Berliner Zeit weiter anzunähern. Er korrespondiert mit den Herausgebern der neuesten Kunst-Zeitschriften, mit Cäsar Flaischlen vom «Pan» in Berlin, mit denen von «Ver Sacrum», dem führenden Organ des Wiener Jugendstils, ab 1899 auch mit Otto Julius Bierbaum, der die in Leipzig neugegründete «Insel» betreut. Mit den Redakteuren der Münchner «Wochenschrift für Kunst und Leben» «Jugend», die der Kunstrichtung ihren Namen gab, steht er schon seit den Prager Tagen in Verbindung. In all diesen Zeitschriften erscheinen Beiträge von Rilke.

In Berlin schreibt sich Rilke als Student der Kunstgeschichte ein, aber zum geregelten Studium kommt es auch hier nicht; eine vertiefende kunstgeschichtliche Einweisung findet er eher im Haus von Lou Andreas-Salomé. Er studiert zusammen mit Lou die Geschichte der italienischen Kunst, um sich auf eine gemeinsame Bildungsreise nach Florenz vorzubereiten. Als Lou verhindert ist mitzufahren, erteilt sie ihm den Auftrag, über seine Eindrücke in der Toskana genau Buch zu führen. *Das Florenzer Tagebuch*, am 15. April 1898 in Florenz angelegt, ist ein sehr persönlich an Lou gerichteter Reisebericht: *Ob ich schon ruhig und reif genug bin, das Tagebuch, welches ich Dir heimbringen will, zu beginnen, – ich weiß es nicht. Aber ich fühle, daß meine Freude fremd und unfestlich bleibt, solange Du nicht – wenigstens durch irgendeine innige und aufrichtige Einzeichnung derselben in ein Buch, das Dir eignet, zur Vertrauten wirst.* Der Beschreibung von Renaissance-Palästen in Florenz, von Gärten und Brunnen folgen sehr schnell allgemeine Reflexionen über die Notwendigkeit einer künftigen Kunstreligion und über die eigene Aufgabe als Dichter.

Anfang Mai 1898, nach einem Monat Florenz, flieht er aus dem *verwirrend[en] Genetze seltsamer Gassen, aus dem ich in jäher Flucht mich losgerissen habe,* in die Stille Viareggios, den Badeort am ligurischen Meer. In der Zurückgezogenheit des geruhsamen Seebades findet er auch zurück zu seinen Dichtungen; an Lou gerichtet notiert er: *[…] ich weiß etwas in mir, was Du noch nicht kennst, eine neue große Helligkeit, die meiner Sprache Macht und eine Fülle von Bildern gibt.* In der Tat entstehen in diesen Tagen Verse und Szenen, die einen neuen Ton erkennen lassen, die vorausweisen auf die großen Werke der nächsten Jahre. Stolz auf die Wandlung, die er an sich verspürt, kehrt er Anfang Juni 1898 nach Berlin zurück: *Daß ich Dir so klar wiederkehre, Liebling, das ist das Beste, was ich Dir bringe.* Durch diese gewonnene Klarheit hofft er, auch in die Beziehung zu Lou neue Dimensionen einzubringen. Aber für Lou scheint er unverändert, und der Empfang nach der ersten längeren Trennung der beiden fällt nicht so aus, wie Rilke es sich vorstellte: *Ich wollte diesmal der Reiche, der Schenkende sein, [...] und Du solltest kommen und, von meiner Sorgfalt und Liebe gelenkt, Dich ergehen in meiner Gastlichkeit. Und nun Dir gegenüber war ich wieder nur der kleinste Bettler an der letzten Schwelle Deines Wesens, das auf so breiten und sicheren Säulen ruht.*[51] Die letzten Seiten des *Florenzer Tagebuchs* können kaum die Enttäuschung verbergen, die er über den distanzierten, seinen Stolz kränkenden Empfang seiner Freundin empfindet.

Trotz dieser Verstimmung bezieht Rilke am 1. August 1898 ein neues Zimmer in der Villa Waldfrieden in Schmargendorf und passt sich in der Lebensführung dem jetzt in unmittelbarer Nähe lebenden Ehepaar Andreas-Salomé an: Er verbringt den größten Teil seiner Tage dort, hilft im Haushalt, hackt Holz, raucht nicht, trinkt selten Alkohol, isst vegetarisch. Obst und Milch sind ihm bis zum Lebensende ebenso wichtig wie das Barfußgehen.

Es beginnt eine Zeit emsiger Produktivität. Er bereitet die in Viareggio begonnenen Arbeiten zum Druck vor, so *Die weiße Fürstin*, einen Versuch, die Form des symbolistischen Dramas für sich zu nutzen. Sein Vorbild ist der belgische Autor Maurice Maeterlinck, der im Deutschland der Jahrhundertwende der Vorreiter des symbolistischen und lyrischen Dramas ist. Rilke bezeichnet ihn als den *tiefernsten und feinen Vorahner einer kommenden Schaubühne*[52]. Im Gegensatz zum Naturalismus mit seiner handlungsorientierten Darstellung von sozialen Konflikten wollte Rilke in seiner dramatischen Szene aus dem Florenz der Renaissance ein *großes primäres Gefühl* in den Vordergrund stellen, das *befreit* ist von allem *Zufälligen* wie dem *Stand der dargestellten Personen, dem Milieu und der Zeit der Handlung*, sodass sich die *ganze Fülle der Zuschauer* in einer *tiefere[n] Gemeinsamkeit* zusammenfindet.[53] Hierin zeigt sich die soziale Funktion in Rilkes Kunst: Durch sie sollen die in der Moderne haltlos gewordenen und vereinzelten Menschen vom Äußerlichen weg auf ihr Inneres verwiesen und durch die Gemeinsamkeit ihres Gefühls, das durch die Verunsicherung vor allem in dem der Angst besteht, zu einer neuen Gemeinschaft geformt werden.

In seiner lyrischen Form passt das als Drama konzipierte Stück *Die weiße Fürstin* in die Sammlung der *Frühen Gedichte*, die Rilke 1909 zusammenstellt. Kernstück des Bandes sind die Gedichte aus *Mir zur Feier*, die er in den Jahren 1897/98 geschrieben hatte. *Mir zur Feier* ist das früheste seiner Gedichtbücher, das er auch später noch gelten lässt. Bereits im Titel erweist es sich als Gegenstück zu den teilweise gleichzeitig entstandenen Gedichten aus *Dir zur Feier*. Während die Lou gewidmete Sammlung auf ein Du ausgerichtet ist, steht in *Mir zur Feier* ist das dichterische Ich im Mittelpunkt. Zwei Aspekte des *heilige[n] Leben[s]*, dem alle seine Dichtungen dieser Monate gewidmet sind, kommen so zum Ausdruck: zum einen die Gemeinschaft mit dem anderen, die in der gelebten Liebe ihre Erfüllung findet – *ich kann aber kein Fest haben ohne DICH*, heißt es im Florenzer Tagebuch[54] –, zum andern die «Selbstentfaltung des Dichter-Ich»[55].

Mir zur Feier erscheint Weihnachten 1899. Den Buchschmuck gestaltete Heinrich Vogeler. Rilke hatte den Worpsweder Jugendstilkünstler im April 1898 in Florenz kennengelernt und im Werk wie auch in der Lebenseinrichtung *des lieben träumerischen Weggefährten*[56] eine Synthese von Leben und Kunst verwirklicht gesehen, wie er sie von Lou kennt. Als Vogeler im November 1898 Rilke in Berlin besucht, lädt er ihn spontan zu sich nach Worpswede ein. Am 16. Dezember reist Rilke über Hamburg, wo er Liliencron persönlich kennenlernt und die von Alfred Lichtwark eingerichtete Kunsthalle besucht, zu dem neuen Freund nach Bremen und verlebt dort *in einem vornehmen alten Patrizierhaus* das Weihnachtsfest. Auf einem Ausflug nach Worpswede ist er von dem *weißen Giebelhaus an dem jeder Stein, in dem jeder Stuhl von ihm*

gezeichnet und beabsichtigt wurde [57] – dem Barkenhoff, den Vogeler selbst ausgestaltet hat –,
tief beeindruckt.

Zurück in Berlin *füllen die Vorbereitungen
für Rußland* [58] wieder die Tage aus. Seit seiner
Rückkehr aus der Toskana nutzt Rilke jede
Gelegenheit, sich auf die Russlandreise mit
Lou und ihrem Ehemann Friedrich Andreas
vorzubereiten. Lou, als gebürtige Petersbur-
gerin, führt ihn in die Grundzüge des Russischen ein, gemeinsam betreiben sie landes-
und kulturgeschichtliche Studien und lesen
die Klassiker der russischen Literatur.

Am 25. April 1899 reisen Rilke, Lou
und ihr Mann über Warschau nach Moskau.
Schon am ersten Tag besuchen sie den von
ihnen so hochverehrten Dichter Lew Tolstoj:
*[...] gestern waren wir bei Graf Leo Tolstoi zum
Tee und blieben zwei Stunden tief erfreut von der
Güte und Menschlichkeit des Grafen. Gerührt von
der rührenden Einfachheit seines Entgegenkom-
mens und wie gesegnet von dem großen Greise,
der so jugendlich gut sein und zürnen kann!* [59]
‹Gezürnt› hat Tolstoj mit ihnen über ihre
naiven Erwartungen: Die ‹Frömmigkeit› des russischen Volkes,
die sie zu finden hofften, sei ein Irrglaube; sie sollten dem «aber-
gläubischen Volkstreiben» zum Osterfest «nicht noch durch dessen Mitfeier» huldigen.[60] Trotz seiner Ermahnung besuchen sie
das festliche Treiben zu den Osterfeierlichkeiten; die Nacht wird
für Rainer und Lou zu einem der Höhepunkte der Reise. *Mir fehlen
die Worte [...] zu sagen, welches Ereignis es mir war, Moskau zu sehen;
meine ganze Kindheit, die [...] mir verlorengegangen war, tauchte wieder
auf wie eine versunkene Stadt, und als ich in einer Osternacht mit meiner
kleinen Kerze auf dem Kreml stand, da schlug die Glocke auf dem «Iwan
Welikij» so gewaltig und groß, daß ich glaubte, das Herz des Landes
schlagen zu hören, das auf seine Zukunft wartet von Tag zu Tag.* [61]

Weitere Erlebnisse und Begegnungen vertiefen die Nach-

Das Konzert [später: Sommerabend]. Gemälde von Heinrich Vogeler, 1905. Worpswede, Große Kunstschau. Das Bild zeigt den Barkenhoff in Worpswede: Erste von links Paula Modersohn-Becker, Vierte von links Clara Rilke-Westhoff, ganz rechts, halb verdeckt, Vogeler selbst.

haltigkeit der Eindrücke in dem *wahlheimatlichen Lande*[62], so der Besuch der Tretjakow-Galerie in Moskau und der Eremitage in Petersburg, und rückblickend steht für Rilke fest: *[...] zum ersten Mal in meinem Leben hatte ich ein unausdrückbares Gefühl, etwas wie ‹Heimgefühl› – ich fühlte mit großer Kraft die Zugehörigkeit zu etwas [...] in dieser Welt.*[63] Mit dem Maler Leonid Pasternak, den er ebenfalls in der russischen Hauptstadt aufsucht, ergibt sich eine lebenslange intensive Freundschaft. Pasternak fertigt eine Reihe authentischer Porträts des Dichters an, und Rilke seinerseits schreibt zwei Aufsätze über die Situation der modernen russischen Kunst, die großenteils auf Gespräche mit dem Professor der russischen Akademie der Künste zurückgehen. Auch der Sohn Boris Pasternak, der

Rilke nur einmal als Zehnjähriger persönlich gesehen hat, blieb bis zu seinem Lebensende ein glühender Verehrer des Dichters. Für Rilke hat Russland *die Wendung ins eigentlich Eigene vorbereitet*[64].

Ende Juni 1899, zurück in Berlin, gerät Rilke in einen regelrechten Arbeits- und Schaffensrausch: Neben einem ausgedehnten Briefwechsel mit den neugewonnenen Freunden in Russland warten die vielen russischen Eindrücke und Erlebnisse darauf, in Gedichten und Novellen verarbeitet zu werden. Sein besonderer Eifer dient der Vorbereitung einer zweiten Russland-Reise im nächsten Jahr. Gemeinsam mit Lou zieht er sich Ende Juli auf den Bibersberg bei Meinigen zurück, wo sie ein Gartenhaus, das der gemeinsamen Freundin Frieda von Bülow zur Verfügung stand, mitbenutzen dürfen. Einer Bekannten klagt Frieda am 20. September 1899 voller Enttäuschung: «Von Lou und Rainer hab ich bei diesem sechswöchigen Zusammensein äußerst wenig gehabt, nach der längeren russischen Reise, die sie im Frühjahr […] unternommen, hatten sie sich mit Leib und Seele dem Studium des Russischen verschrieben und lernten mit phänomenalem Fleiß den ganzen Tag: Sprache, Literatur, Kunstgeschichte, Weltgeschichte, Kulturgeschichte von Rußland, als ob sie sich für ein fürchterliches Examen vorbereiten müßten.»[65]

In Berlin bringt Rilke vom 20. September bis zum 14. Oktober 1899 den wohl bedeutendsten Ertrag der ersten Russland-Reise zu Papier: die *Gebete*. Sie bilden als *Das Buch vom mönchischen Leben* den ersten Teil des erst 1905 erscheinenden *Stunden-Buchs*. Es sind Verse, in denen das intensive Erleben einer sechswöchigen Gemeinsamkeit mit Lou die Grundstimmung prägt, Verse, in denen die nachhaltigen Eindrücke des russischen Lebens und auch Bilder, die aus Florenz haften geblieben waren, ihren Niederschlag finden. Auffallend ist, dass Tonfall und Sprechweise der *Gebete* oftmals denjenigen in den Briefen an Lou gleichen: *Ich hab Dich nie anders gesehen, als so, daß ich hätte beten mögen zu Dir. Ich hab Dich nie anders gehört, als so, daß ich hätte glauben mögen an Dich. Ich hab Dich nie anders ersehnt, als so, daß ich hätte leiden mögen um Dich. Ich habe Dich nie anders begehrt, als so, daß ich hätte knien dürfen vor Dir.*[66]

Bis zu ihrer Veröffentlichung haben Lou und Rainer die Verse als ihr sehr privates Eigentum betrachtet; Rilke überließ seiner

Geliebten sogleich nach Fertigstellung die Reinschrift der Gedichte und fügte 1903 auch die zwei weiteren Teile hinzu. Als sie sich
1905 endlich entschließen, die *Gebete* der Öffentlichkeit zu über-
geben, dankt Rilke seiner Freundin: *Dank für die Gebete: daß ich sie*
nehmen darf, um sie Dir wieder und wieder zu geben. Daß sie, die wie
Weitererebtes Dir zugehören, immerwährende, tägliche Gabe sein dürfen
von mir zu Dir. Ich will Sorge tragen für Dein Buch, daß alles daran Dir
lieb werde.[67]

Die *Gebete* sind an einen Gott gerichtet, der wenig Gemeinsamkeit mit den Vorstellungen der christlichen Religion hat: Er
ist vielgestaltig, kann die Natur sein, das Licht wie auch die Nacht,
ist eine Leben und Tod vereinigende Kraft, er kann sich im Kunstwerk offenbaren oder in der Schönheit eines Menschen, zeigt sich
in der Sinnlichkeit der sexuellen Vereinigung und kann die Geliebte selbst sein.

> ICH finde Dich in allen diesen Dingen,
> denen ich gut und wie ein Bruder bin, –
> als Samen wärmst Du Dich in den geringen
> und in den großen giebst Du reif Dich hin.
>
> Das ist das wundersame Spiel der Kräfte,
> daß sie so dienend durch die Dinge gehn:
> in Wurzeln wachsend, schwindend in die Schäfte,
> und in den Wipfeln wie ein Auferstehn. [68]

Was als besonderes Charakteristikum Gottes wiederholt hervor-
gehoben wird: Er ersteht immer wieder von neuem im Schaffen
des Menschen, vor allem des Künstlers. Im *Buch vom mönchischen*
Leben fragt der betende Mönch: *Was wirst Du tun, Gott, wenn ich*
sterbe?, und antwortet dann selbst: *[…] mit mir verlierst Du Deinen*
Sinn.[69] Der von Rilke verwendete Gottesbegriff verweigert sich
jeder orthodox-religiösen Auslegung; und dem Vorwurf der Blasphemie begegnet Rilke: Einem Gott, der *in all diesen Dingen* wohnt,
kann ein solches *Beten keine Blasphemie* sein.[70] Das Weltmodell, das
hinter den Vorstellungen des *Stunden-Buchs* steht, hat der Philo-
soph Georg Simmel in einem Brief an Rilke eine «außerordentlich
interessante Wendung des Pantheismus» genannt: «[…] der pan-

theistische Weg [läuft] in umgekehrter Richtung: nicht dies u. das u. jenes ist Gott – sondern: Gott ist dies u. das u. jenes. Das göttliche Sein geht in die einzelnen Sondergestalten, Sonderbestimmungen ein u. findet in ihnen sein volles, erschöpfendes Leben, [...] Gott mündet in den Dingen.»[71] Mit dieser Grundkonzeption gewinnt das *Stunden-Buch* eine Plastizität und Geschlossenheit, die das Werk zu der ersten gelungenen Dichtung der Reifezeit Rilkes machen. Es wird getragen von einer «virtuosen Musikalität»[72], von ausdrucksstarken Bildern und Mythen; es ist ein unauflösbares Ganzes und *keine Sammlung, aus der man eine Seite oder ein Gedicht entnehmen kann, wie man eine Blume pflückt. Mehr als jedes andere meiner Bücher ist es ein Gesang, ein einziges Gedicht, in dem keine Strophe von ihrem Platz gerückt werden kann.*[73]

Auch in der Prosa findet Rilke in dieser Phase seines Schaffens neue Ausdrucksmöglichkeiten. *In glücklicher Zeit in sieben aufeinanderfolgenden Nächten* schreibt er Mitte November 1899 die *Geschichten vom lieben Gott* nieder.[74] Thematisch schließen sie eng an die *Gebete* des *Buchs vom mönchischen Leben* an. Noch radikaler als im ersten Teil des *Stunden-Buchs* löst sich Rilke hier von den traditionellen Anschauungen der christlichen Religion, «ja man kann sagen, daß diese Geschichten eine geradezu polemisch-subversive Infragestellung der biblischen Gottesvorstellungen betreiben»[75]. Die *Märchen, an Große für Kinder erzählt*[76], sind in ihrer Erzählhaltung wie auch in ihren inhaltlichen Aussagen eng mit den Eindrücken der ersten russischen Reise verknüpft. Wenn Rilke in St. Petersburg am 8. Juni 1899 Jelena Woronina, die er in Viareggio kennengelernt hatte, mitteilt, *[i]ch fühle, daß die russischen Dinge die besten Bilder und Namen für meine persönlichen Gefühle und Geständnisse sind. Und daß ich mit ihnen [...] alles aussprechen werde, was in meiner Kunst nach Klang und Klarheit drängt*[77], so gilt das nicht nur für die *Gebete* des *Stunden-Buchs*, sondern auch für die *Geschichten vom lieben Gott*. Die Erzählungen sollen einen Einblick in eine unmittelbare Frömmigkeit geben, wie sie sich Rilke von russischen Bauern und Künstlern vorstellt. Das Musterbild einer solchen Frömmigkeit geben die Kinder. In einem der Märchen beschließen sie, Gott, den die Erwachsenen *in ihrer Zerstreutheit, Geschäftigkeit und Hast irgendwo verloren haben,* bei sich zu tragen. Wie sollte das geschehen? Die Antwort, die die Kinder finden, kann zugleich als das ‹Glaubensbekenntnis› des Dichters gelten: *Ein jedes Ding kann der liebe Gott sein.*[78]

Die Geschichten vom lieben Gott werden zu einem großen Erfolg: Zu Lebzeiten des Dichters erreichen sie zwölf Auflagen. Noch erfolgreicher wurde dann allerdings ein drittes Werk, dessen Entstehung ebenfalls in den äußerst produktiven Herbst 1899 fällt: *Die Weise von Liebe und Tod des Cornets Christoph Rilke.* Nach einzelnen eher zögernd aufgenommenen früheren Drucken übernimmt Anton Kippenberg, der seit 1906 allein den Insel-Verlag leitet und seitdem alle Veröffentlichungen Rilkes als Verleger betreut, die Dichtung 1912 als erstes Heft der Insel-Bücherei. Das kleine Bändchen wird zum Verkaufsschlager.

Zu diesem außerordentlichen Erfolg des Kultbuches der Jugend hat nicht zuletzt die Stilisierung und Mystifizierung der

Der erste Band
der Insel-Bücherei, 1912,
mit einem Umschlag aus
Modellpapier nach einem
Entwurf von Giuseppe
Rizzi («Rizzi-Papier»)

erzählten Begebenheit beigetragen. Schon die Entstehung hüllt Rilke in eine romantisierende Fiktion, deren Wahrheitsgehalt nicht sehr hoch zu veranschlagen sein dürfte: *Der «Cornet» war das unvermutete Geschenk einer einzigen Nacht, einer Herbstnacht, in einem Zuge hingeschrieben bei zwei im Nachtwind wehenden Kerzen; das Hinziehen der Wolken über den Mond hat ihn verursacht, nachdem die stoffliche Veranlassung mir, einige Wochen vorher, durch die erste Bekanntschaft mit gewissen, durch Erbschaft an mich gelangten Familienpapieren, eingeflößt worden war.*[79] Und auf derselben fiktionalen Ebene liegt die Herkunft aus einem Adelsgeschlecht, die der Autor nicht nur in der Dichtung dem Helden Christoph Rilke zuerkennt, sondern für sich selbst immer wieder beansprucht[80]: Alle Bemühungen, für Rainer Maria Rilke einen adligen Stammbaum nachzuweisen, sind bislang jedoch gescheitert.

Die Geschichte von dem jungen Cornet, dessen Schicksal vom eintönigen Reiten durch die Ödnis der ungarischen Ebene über das sinnlich berauschende Erleben einer ersten Liebe bis hin zur letzten Steigerung im Selbstopfer der Schlacht höchst wirkungsvoll inszeniert wird, erreicht in vieler Hinsicht nicht nur die Grenze des Kitsches; angesichts der Geschehnisse der beiden Weltkriege ist sie äußerst fragwürdig. Dennoch wird man sich dem Sog der Sprache in dieser Dichtung, ihrer Dynamik und lyrischen Ausdruckskraft kaum entziehen können. Dem Dichter selbst, der seinem Text bald schon recht reserviert gegenüberstand – *Es ist so sehr Jugendarbeit und bedarf vieler Entschuldigungen*[81] –, hat dieses Werk aus dem Ende seiner frühen Zeit dennoch einiges bedeutet. In einem Brief an André Gide, der den *Cornet* zu übersetzen beabsichtigte, bringt er es zum Ausdruck: *[...] niemand anders als Sie vermöchte nachzuempfinden und wiederzugeben, was [...] beinahe den einzigen Wert dieser Jugenddichtung ausmacht: das ist ihr innerster Rhythmus, Rhythmus des Blutes, der sie durchpulst, sie trägt, sie fortreißt von Anfang bis Ende.*[82]

Am 7. Mai 1900 brechen Lou und Rilke, diesmal ohne Friedrich Andreas, zu ihrer zweiten Russland-Reise auf. Die ersten drei Wochen in Moskau vergehen mit Besuchen von alten und neuen Bekannten, von Museen, Kirchen und Theatern. Sofja Schill gibt in ihren Erinnerungen ein lustiges Bild von Lou und Rainer: «Die beiden Freunde waren schon ein auffallendes Pärchen. Die stattliche, etwas füllige Luisa Gustawowna im selbstgenähten Reformkleid von eigenartiger Farbe – und daneben der schlanke, mittelgroße junge Dichter in einer Jacke mit unzähligen Taschen und mit einem originellen Filzhut. Rainer Ossipowitsch hatte einen weißen, mädchenhaften Teint; das Oval seines Gesichtes und die Nase waren länglich; die großen, leuchtenden Augen blickten klar wie die eines Kindes auf das fremde Leben. Das hellblonde Spitzbärtchen stand ihm vorzüglich. Die beiden bummelten durch Moskau, über den Arbat, durch Gassen und Gäßchen und hielten sich wie Kinder bei der Hand.» [83] Die deutsch-russische Freundin, die das Paar im Herbst 1900 in Berlin kennengelernt hatte, sparte trotz ihrer Verehrung für Rilke, den sie für «Goethes Nachfolger am Parnaß der deutschen Lyrik» hielt, nicht mit Kritik: Lou und Rainer verschlössen die Augen vor der sozialen Wirklichkeit und suchten die Idylle in Russland.

Den verehrten Lew Tolstoj besuchen sie am 1. Juni 1900 erneut, ohne freilich von ihm mit der Aufmerksamkeit ihres ersten

Rilke und Lou auf ihrer zweiten Russland-Reise, zu Besuch bei dem Volksdichter Spiridon Droschin in Nisowka, Juli 1900

Treffens im Vorjahr empfangen zu werden. Zum Höhepunkt ihres zweiten Aufenthalts in Russland wird die Schifffahrt auf der Wolga, die sie von Saratow über Kasan nach Jaroslawl führt. Rilke notiert in sein Tagebuch: *Auf der Wolga, diesem ruhig rollenden Meer, Tage zu sein und Nächte, viele Tage und viele Nächte: ein breit-breiter Strom, hoher, hoher Wald an dem einen Ufer, an der anderen Seite tiefes Heideland, darin auch große Städte nur wie Hütten und Zelte stehen. [...] Was ich bisher sah, war nur ein Bild von Land und Fluß und Welt. Hier aber ist alles es selbst.*[84] Für Petersburg, das sie am 26. Juli erreichen, bleiben den beiden nur noch zwei gemeinsame Tage, weil Lou ihre Familie in Finnland besuchen muss; Rilke bleibt allein zurück. Die Briefe, die er seiner Freundin hinterherschickt, lassen erkennen, in welcher Abhängigkeit er sich von ihr befindet. Das Alleinsein in Petersburg steigert seine Angstzustände und Depressionen, die ihn immer latent begleiten, und die flehentlichen Bitten, doch so schnell wie möglich zu ihm zurückzukommen, sind in einem Tonfall geschrieben, den Lou als Rückfall in die «vorwolfratshausensche» Zeit bezeichnet.

Als die beiden am 26. August 1900 wieder in Berlin eintreffen, nimmt Rilke sogleich eine Einladung von Vogeler an und flüchtet überstürzt nach Worpswede. Das Tagebuch, das Rilke auch in den Worpsweder Tagen führt, ist – wie diejenigen aus der Toskana und aus Schmargendorf – zwar immer noch persönlich an Lou gerichtet. Aber die unmittelbaren Anreden an das Du werden seltener, die Rückerinnerungen schmerzlicher: *Die russische Reise mit ihren täglichen Verlusten ist mir ein so unendlich banger Beweis meiner unreifen Augen, die nicht zu empfangen, nicht zu halten und auch loszulassen nicht verstehen, die, mit quälenden Bildern beladen, an Schönheiten vorübergehen und zu Enttäuschungen hin.* Und dann, in derselben Aufzeichnung vom 27. September 1900, folgt wie ein Aufatmen die völlig neue Perspektive, die sich ihm hier in Worpswede auftut: *Und wie lieben sie mich hier. [...] Wie empfanden sie mich als Rater und Helfer. Wie notwendig war ich ihnen. Und wie wurde ich unter dem Schutze ihres Vertrauens mächtig, alles zu sein, was sie brauchten, ihr Frohester zu sein und der Lebendigste unter ihnen. Alle Kräfte steigen in mir.* Die lange Aufzeichnung endet mit einer Entscheidung: *Da entschloß ich mich, in Worpswede zu bleiben.*

Rilke ist in diesen Wochen Gast im Haus Heinrich Vogelers. Die blaue Stube, die ihm der Freund im Giebel des Barkenhoffs eingeräumt hat, bietet ihm die Möglichkeit, wieder zu sich zu kommen und zu arbeiten. Er fühlt sich wohl in dem Kreis von Freunden und Künstlern, die regelmäßig in dem weißen Haus zusammentreffen. Ausgedehnte Wanderungen durch die Heidelandschaft, gemeinsame Ausflüge nach Bremen oder Hamburg, um dort die Kunsthalle und die Oper oder das Theater zu besuchen, lassen ihn sich mehr und mehr heimisch fühlen.

Zu diesem Kreis gehören neben Vogeler und den weiteren Mitgliedern der Künstlerkolonie, deren Werke Rilke in seiner Monographie *Worpswede* (1902) beschrieben hat, auch zwei Frauen, die Rilkes Aufmerksamkeit auf sich ziehen. In das Tagebuch finden sie zunächst namenlos als *zwei Schwestern* oder als *Mädchen in Weiß* Eingang: *Ich gebe Gesellschaften. Dr. [Carl] Hauptmann kommt mit zwei Schwestern, einer blonden und einer dunklen.* Von der Letzteren erfahren wir dann den Namen: *Clara Westhoff: Das ganze Haus schmeichelte ihr, alles wurde stilvoller, schien sich ihr anzupassen, und als sie oben bei der Musik in meinem riesigen Ledersessel lehnte, war sie Herrin unter uns.* Mehr Aufmerksamkeit erfährt jedoch vorerst die *blonde Malerin*: Er verbringt Abende mit ihr in ihrem *Lilienatelier*, zeigt ihr russische Bücher und spricht über die Faszination der umgebenden Landschaft, die er einfühlend beschreibt. Und er widmet dem *lieben Mädchen* Gedichte:

> MÄDCHEN, Dichter sind, die von euch lernen
> d a s zu sagen, was ihr willig s e i d .
> Und sie lernen leben an euch, Fernen,
> wie die Abende an großen Sternen
> sich gewöhnen an die Ewigkeit ...
>
> Keine darf sich je dem Dichter schenken,
> wenn sein Auge auch um Frauen bat;
> denn er kann euch nur als Mädchen denken,
> das Gefühl in euren Handgelenken
> würde brechen von Brokat. [...]

Rilke kommentiert das Gedicht im unmittelbar anschließenden Text: *Das ist so herrlich als Erfahrung, und dafür lieb ich Mädchen so sehr, daß man sie schauen muß wie wachsende Blumen. Nicht allein, für sich; neben anderen und immer eingefügt in das Land und in große himmlische Zusammenhänge.*

Die Faszination der Mädchenfigur – *halb Wissende, d. h. Maler, halb Unbewußte, d. h. Mädchen* [85] – teilt Rilke mit der Adressatin des Gedichts, mit Paula Modersohn-Becker (ihr Name wird im Tagebuch selbst kein einziges Mal genannt). Gemeinsam ist der Malerin wie auch dem Dichter das Interesse an einer Phase des Lebens, die Charlotte Ueckert als ein «Innehalten in einem Zustand der Schwebe» bezeichnet. [86] Noch in den *Neuen Gedichten* finden sich Verse, die wie eine Beschreibung von Mädchen-Bildern der Paula Modersohn-Becker anmuten.

Paula Modersohn-Becker,
geboren am 8. Februar 1876 in Dresden, lässt sich – nach einem erfolgreich abgeschlossenen Lehrerinnen-Studium – in Bremen und Berlin als Kunstmalerin ausbilden und lebt seit 1898 in Worpswede, wo sie eine enge Freundschaft mit Clara Westhoff eingeht. Eine erste Ausstellung in der Bremer Kunsthalle wird ein totaler Misserfolg. Im ersten Halbjahr 1900 geht sie nach Paris und nimmt Kunstunterricht bei Carl Rossi und an der École des Beaux Arts. Am 25. Mai 1901 heiratet sie Otto Modersohn. 1903 zweiter Paris-Aufenthalt, dem 1905 und 1906 zwei weitere Besuche in der Hauptstadt Frankreichs folgen. Im Mai und Juni 1906 arbeitet sie am Porträt Rilkes. 2. November 1907: Geburt ihrer Tochter Mathilde; am 20. November 1907 stirbt sie an den Folgen einer Embolie.

Am 5. Oktober kehrt Rilke überstürzt nach Berlin zurück. Gründe finden sich im Tagebuch nicht, doch die herausgerissene Seite nach der Aufzeichnung vom Vortag spricht eine eigene Sprache. Und die dann folgenden Gedichteintragungen (*Wer jetzt weint irgendwo in der Welt, / ohne Grund weint in der Welt, / weint über mich […]*; *Einsamer wird mir […]*; *Im welken Walde ist ein Vogelruf, / der sinnlos scheint in diesem welken Walde […]*) [87] spiegeln eine tiefe Erschütterung wider, die auf ein schmerzhaftes Herauslösen aus den in Worpswede sich abzeichnenden Bindungen hindeutet. Seine Rückkehr nach Schmargendorf begründet Rilke nach außen hin mit *Arbeiten (besonders die russischen)*, die er in Worpswede nicht verrichten könne. Aber wenn er Frieda von Bülow am 24. Oktober

1900 schreibt, er benötige dazu *Hilfsmenschen und Hilfsmittel*, die er nur hier in Berlin finde[88], so scheint es eindeutig, dass es sich bei der ‹menschlichen› Hilfe um Lou handelt.

In der Tat sprechen alle Zeugnisse dafür; gleich nach seiner Ankunft nimmt er den Kontakt zu ihr wieder auf. Das alte Leben beginnt aufs Neue: Man besucht gemeinsam Theater- und Musikaufführungen, und er nimmt wie selbstverständlich an Einladungen teil, mit denen das Ehepaar Andreas Künstler und Wissenschaftler in sein Haus holt. Auf diese Weise lernt Rilke am 1. Dezember 1900 Gerhart Hauptmann persönlich kennen, von dessen Drama «Michael Kramer» er sehr beeindruckt ist. Eine freundschaftliche Beziehung zum künftigen Nobelpreisträger bahnt sich an, die in späteren Jahren die gesamte Familie des Dichters mit einschließt.

Und wieder gelten die Gespräche vor allem der russischen Kunst und Literatur, als Vorbereitung einer dritten Reise nach Russland. In sein Tagebuch trägt Rilke in russischer Sprache sechs Gedichte ein mit der Widmung *Dir zu eigen*: das erste Mal seit langem, dass er in seinen Aufzeichnungen wieder direkt Lou anspricht. Dennoch gehen in diesen Herbstwochen die Gedanken immer wieder zurück nach Worpswede, er schreibt Briefe und Gedichte, mal an Paula, dann an Clara. Der Konflikt ist vorprogrammiert: drei Frauen, zwischen denen er sich nicht entscheiden kann, und eine Arbeit, die nicht recht vorankommen will.

In der Nacht des 13. Dezember bricht die Krise offen aus: Angst, *Hoffnungslosigkeiten, Atemnöte der Seele* und eine *unendliche Demütigung* schreibt er sich in dieser Nacht von der Seele. Ein Selbstekel äußert sich in bitteren Sätzen: *[…] wenn man das ‹ich› nennen müßte, dieses unsäglich zusammenhangslose, ratlos vereinsamte, von den Stimmen der Stille abgeschiedene Bewußtsein, das in sich hineinfällt wie in einen leeren Brunnen, wie in die Tiefe eines Teiches mit stehendem Wasser und Tieren, welche aus Fäulnis geboren werden. Was ist man dann?*[89] In diesen Wochen mehren sich die Anzeichen, dass Lou sich eingeengt fühlt von ihrer Beziehung zu Rainer. Sie verleugnet sich, um ungestört arbeiten zu können; Silvester notiert sie in ihrem Tagebuch: «[…] was ich brauche ist fast nur Stille, – mehr Alleinsein, so wie es bis vor vier Jahren war. Das wird, muß wiederkommen», und schließlich am 17. Januar 1901: «Damit R. fortginge, g a n z fort, wär ich einer Brutalität fähig. (E r   m u ß f o r t !)»[90]

Diese «Brutalität» erfolgt dann tatsächlich im neuen Jahr: Mit dem Stempel vom 26. Februar 1901 erreicht Rilke ein Brief von Lou, den sie «Letzter Zuruf» überschrieben hat. In der Rolle der ‹fürsorgenden Mutter› und gleichzeitig in vernichtender Offenheit schreibt sie ihm: «Jetzt […] kommt mir eine letzte Pflicht aus der uns gewiß Beiden noch theuren Erinnerung, daß ich in Wolfratshausen wie eine Mutter zur Dir trat. Laß mich darum als eine Mutter […] aussprechen […]: Schweifst Du frei in's Ungewisse, so verantwortest Du nur für Dich selbst; indessen für den Fall, daß Du Dich bindest, mußt Du erfahren, w a r u m ich Dich auf einen so ganz bestimmten Weg zur Gesundheit unermüdlich hinwies». Und dann spricht sie etwas aus, was seine tiefsten Ängste bestätigen und verschärfen musste: «Das was Du und ich den ‹Andern› in Dir nannten, – diesen bald deprimierten, bald excitirten, einst Allzufurchtsamen, dann Allzuhingerissenen, – das war ein ihm [dem befreundeten Psychiater Friedrich Pineles, genannt Zemek]

ICH steh im Finstern und wie erblindet,
weil sich zu Dir mein Blick nicht mehr findet.
Der Tage irres Gedränge ist
ein Vorhang mir nur, dahinter Du bist.
Ich starre drauf hin, ob er sich nicht hebt,
der Vorhang, dahinter mein Leben lebt,
meines Lebens Gehalt, meines Lebens Gebot –
und doch mein Tod –.

[…]

Warst mir die mütterlichste der Frauen,
ein Freund warst Du wie Männer sind,
ein Weib so warst Du anzuschauen,
und öfter noch warst Du ein Kind.
Du warst das Zarteste, das mir begegnet,
das Härteste warst Du, damit ich rang.
Du warst das Hohe, das mich gesegnet –
und wurdest der Abgrund, der mich verschlang.

Rilkes Reaktion auf Lous «Letzten Zuruf». SW LAS 53

wohlbekannter und unheimlicher Gesell, der das Seelisch krank-
hafte fortführen kann zu Rückenmarkserkrankung oder in's Geis-
teskranke.»

Sein Abgleiten in die «alte Krankheit», den «zugleich lahmen
Willen neben jähen, nervösen Willenseruptionen», habe sie «ver-
zerrt, zerquält, überanstrengt». «Immer öfter stieß ich endlich
Dich fort, – aber daß ich immer wieder mich von Dir an Deine
Seite zurückziehen ließ, das geschah jener Worte Zemek's halber.
Ich fühlte: Du w ü r d e s t genesen, wenn Du nur standhieltest!»
Nun aber habe sie das Gefühl, nichts mehr für ihn tun zu können:
«Über weite, weite Fernen schicke ich diesen Zuruf zu Dir, nichts
vermag ich mehr als das, um Dich zu behüten vor der ‹schlech-
testen Stunde›, von der Zemek sprach. Drum war ich so bewegt,
als ich beim Abschied die letzten Worte aufschrieb auf ein Stück
Deines Papiers.» Überliefert ist auf der Rückseite einer Milchrech-
nung eine von Lou eilig niedergeschriebene Notiz, die als die er-
wähnten «letzten Worte» gedeutet werden kann: «Wenn einmal
viel später Dir schlecht ist zu Muthe, dann ist bei uns ein Heim für
die schlechteste Stunde.»[91]

Was hatte zu dieser Eskalation geführt? Dem «Letzten Zuruf» ist die große Erregung der Schreiberin deutlich anzumerken.

Der Hinweis auf den «Fall», dass er sich binde, ist verräterisch: Die Bindung, die Rilke Mitte Februar tatsächlich eingegangen war, hat sie offensichtlich zutiefst getroffen. Am 13. Januar war mit der Ankunft Paula Beckers in Berlin Worpswede leibhaftig in die brüchig gewordene Schmargendorfer Idylle eingebrochen. Paula war zwar nicht seinetwegen nach Berlin gekommen – ihre Eltern hatten dort eine Ausbildung im Kochen für nötig erachtet –, aber sie besucht mehrfach Rilke in seiner Wohnung, gibt ihm sogar Einblicke in ihr persönliches Tagebuch. Ende Januar folgt ihr die zweite der Worpsweder *Schwestern*, Clara Westhoff, nach Berlin.

Das Ereignis, das nicht nur Lou einen tiefen Schock versetzt, sondern auch bei Paula Trauer und Betroffenheit auslöst, ist etwa eine Woche später anzusetzen: Paula überrascht Clara und Rainer, als sie unverhofft bei dem Freund auftaucht. «Lieber Freund, Als ich gestern bei Ihnen beiden im Zimmer stand, war ich weit, weit ferne von Ihnen Beiden. Und es überfiel mich eine große Traurigkeit, die auch heute über mir lag, und mein Lebensmütlein dämpfte» [92], schreibt Paula am 16. Februar an Rainer. Die Dinge beschleunigen sich jetzt entscheidend: Es ist von Verlobung die Rede. Lou, die seine Devise, dass er *niemals das höchste Ziel erreichen* könne, wenn er sich *der Kunst nicht ganz* weihte [93], immer aus voller Überzeugung unterstützt hatte, ist entrüstet. Sie hatte die Trennung von ihm gewollt, aber nicht so. Was sie wollte, war ein ungebundenes schöpferisches Dasein – für sich selbst und für ihn. So warnt sie ihn am Abend vor ihrer Trennung vor der ehelichen Bindung. Und schreibt einen Tag später ihren «Letzten Zuruf». Doch Rainer folgt Clara nach Worpswede mit den Worten: *Ich sehe nicht zurück und laufe zu Dir wie ein Füllen*

Clara Rilke-Westhoff, am 21. September 1878 als Tochter eines Bremer Kaufmanns geboren, lässt sich in München und Worpswede als Kunstmalerin ausbilden und erlernt anschließend bei Max Klinger in Leipzig und Auguste Rodin in Paris die Bildhauerei. Seit 1898 mit Paula Becker befreundet, am 28. April 1901 heiratet sie Rainer Maria Rilke, am 12. Dezember 1901 Geburt ihrer gemeinsamen Tochter Ruth. Die Ehepartner leben schon bald getrennt, bleiben jedoch bis zum Tod Rilkes zumeist in engem brieflichen Kontakt. 1919 siedelt sich Clara mit ihrer Tochter in Fischerhude bei Bremen an, wo sie am 9. März 1954 stirbt.

Clara und Rainer Maria Rilke, 1906

hinausläuft zur kühlen nächtlichen Weide. Mit fliegender Mähne und gestrecktem Hals.[94]

Am 28. April 1901 heiraten Rainer Maria Rilke und Clara Westhoff und beziehen in Westerwede, einem Nachbardorf von Worpswede, ein kleines Bauernhaus, das ihnen Vogeler eingerichtet hat. Im Mai unterziehen sich beide *einer strengen Cur* im Sanatorium «Weißer Hirsch» bei Dresden, ein Hochzeitsgeschenk von Claras Großmutter.[95] Rainer soll sich von einem mehrwöchigen Kranksein erholen, das ihn nach den aufregenden Ereignissen vor der Heirat niedergeworfen hatte.

Mitte des Jahres ist er so weit genesen, dass er Liegengebliebenes aufnimmt: Ein Band mit Novellen wird fertiggestellt (der Ende des Jahres unter dem Titel *Die Letzten* erscheint), und er schreibt wieder Gedichte, den Zyklus *Von der Pilgerschaft*, der dann als zweiter Teil des *Stunden-Buchs* erscheinen wird. Schon der Titel spiegelt die Unruhe dieser Monate; Trauer und Schmerz bis hin zur Verzweiflung durchziehen als Grundstimmung die Sammlung; Verlustangst und das Bewusstsein einer Entfremdung prägen die einzelnen Gedichte.

[…] Wer jetzt nicht seine Augen schließen kann,
gewiß, daß eine Fülle von Gesichten
in ihm nur wartet bis die Nacht begann,
um sich in seinem Dunkel aufzurichten: –
der ist vergangen wie ein alter Mann.

Dem kommt nichts mehr, dem stößt kein Tag mehr zu,
und alles lügt ihn an, was ihm geschieht;
auch du, mein Gott. Und wie ein Stein bist du,
welcher ihn täglich in die Tiefe zieht.[96]

Hinter den Versen steht ganz konkret die Lebenskrise, die Rilke in dieser Zeit durchleidet. Die Trennung von Lou ist keinesfalls bewältigt, die neue Beziehung zu Clara vermag den Verlust nicht aufzuwiegen, und es plagen ihn nicht zuletzt materielle Sorgen. All das geht in das *Buch von der Pilgerschaft* ein. Und mit Recht hat die neuere Forschung darauf hingewiesen, dass Rilke die Präzision seines Ausdrucks gerade durch die Beglaubigung des Gedichteten «durch persönliche Erfahrungen» erreicht. So wird der zweite Teil des *Stunden-Buchs* zu «einem eindrucksvollen Beispiel für die enge Verflechtung von Leben und Dichten, die Rilkes Gesamtwerk auszeichnet»[97].

Neben dem *Buch von der Pilgerschaft*, das als Teil der nach wie vor an Lou gerichteten *Gebete* gedacht war, hatte sich inzwischen eine größere Zahl von Einzelgedichten angesammelt, die der Dichter nun zu einem neuen Werk zusammenzustellen sucht. Den Versen, in denen sich ein dichtendes – betendes – Ich an ein Du richtet (sei es an die Geliebte oder an das Wesen, das er Gott nennt), stellt er Gedichte an die Seite, in denen es Rilke um die Aufnahme der ihn umgebenden Welt, um das ‹Sehen› der ‹Dinge› geht. Schon im Worpsweder Tagebuch hielt er fest: *Mein ganzes Leben ist voll der Bilder […]; alles, was ich erfahren habe, wird Ausdruck für das, was tief hinter der Erfahrung liegt. Und ich kann oft mit neuen […], einfachen Stoffen diejenigen Gefühlsnuancen wecken, die bei mir ursprünglich an komplizierte Vorgänge gebunden waren.*[98] In diesem Sinn nennt Rilke seine neue Gedichtsammlung *Das Buch der Bilder*.

Großen Wert legt er auf eine sorgfältige äußere Ausstattung des Buches: *Ich aber lege darauf gerade besondere Betonung, daß Gedichte in einer großen monumentalen, jeden Buchstaben klar für sich setzenden Schrift gedruckt werden; […] das Charakteristische von Versen [wird] am besten ausgedrückt durch das Stehen, Monumental-werden auch der kleinsten Worte. Es giebt nichts Unwichtiges, nichts un-festliches da. Jedes Wort, das mitgehen darf im Triumphzug des Verses, muß schreiten und das Kleinste darf dem größten nicht nachstehen an äußerer Würde und Schönheit.*[99] In dieser Druckanweisung liegt die ganze Poetik der Rilke'schen Dichtkunst beschlossen: eine Lese-anweisung, die auch dem unscheinbarsten Teil der dichterischen Sprache und ihrer Präsentation Beachtung abfordert. Selbst die Vignette auf dem Titelblatt des Buches, eine von Heinrich Vogeler gestaltete Fontäne, soll die Ganzheit unterstreichen, die in der Zu-sammenstellung der Gedichte vom Autor erstrebt, aber in dieser Sammlung noch nicht bruchlos erreicht wird.

RAINER MARIA RILKE
DAS BUCH DER BILDER

VERLAG VON AXEL JUNCKER IN BERLIN
(1902)

Erstausgabe, 1902,
mit einer Vignette
von Heinrich Vogeler

AUF einmal weiß ich viel von den Fontänen,
den unbegreiflichen Bäumen aus Glas.
Ich könnte reden wie von eignen Tränen,
die ich, ergriffen von sehr großen Träumen,
einmal vergeudete und dann vergaß. [100]

Das Buch der Bilder erscheint im Juli 1902 und gehört zu der Reihe von Maßnahmen dieser Phase, die materielle Situation der jungen Familie zu verbessern. Rilke verfügt zwar noch über die Zuwendung der Erben seines Onkels Jaroslav, aber der Unterhaltszuschuss seines Vaters läuft Ende des Jahres 1901 aus, und die Hilfe, die von den Schwiegereltern kommt, reicht auch nicht; denn am 12. Dezember 1901 erhält die Familie Zuwachs: Rilkes einziges Kind, eine Tochter, wird geboren, und sie erhält den Namen Ruth. (Die Namensgleichheit mit Lous Novelle «Ruth» dürfte nicht zufällig sein.) Mehrfache Versuche, eine Quelle für regelmäßige Einkünfte zu erschließen – als Hilfskraft im Verlag, als Korrespondent einer russischen Zeitschrift, als Kustos in der erweiterten Bremer Kunsthalle –, scheitern. So ist Rilke gezwungen, Rezensionen für Zeitungen zu schreiben (eine Besprechung der «Buddenbrooks» von Thomas Mann erkennt hellsichtig die große Bedeutung des Romans), Theaterkritiken, kunsthistorische Aufsätze, die zumindest kleinere Honorare einbringen.

Dankbar nimmt er das Angebot des Verlags Velhagen und Klasing an, eine Monographie über die Worpsweder Künstlerkolonie zu schreiben. In den ersten Monaten des neuen Jahres 1902 sitzt er, *halb nur Freude und halb Fron* [101], an dem Buch, das Ende Mai fertig ist, aber erst ein knappes Jahr später, im März 1903, erscheint. Die Essays über Fritz Mackensen, Otto Modersohn, Fritz Overbeck, Hans am Ende und Heinrich Vogeler geben – gerade auch für einen Nichtfachmann – erstaunlich präzise Beschreibungen der personalen Stilarten und der leitenden Thematik. Und wie immer, wenn Rilke über Gegenstände der Kunst schreibt, gelten auch hier viele Aussagen über andere zugleich für seine eigene Dichtung, so wenn er über die Beziehungen der Maler zur Romantik spricht und ein Wort Philipp Otto Runges zitiert: «Kinder müssen wir werden, wenn wir das Beste erreichen wollen.» [102] So ist auch diese heute noch lesenswerte Monographie mehr als eine reine *Brotarbeit*; Rilke hat sie genutzt, um sich über die dichterische Wiedergabe von Natur und menschlich gestalteter Landschaft Klarheit zu verschaffen.

Am 30. Mai 1902 entkommt Rilke der immer mehr als bedrückend empfundenen Enge des Familienlebens durch eine Einladung des Lyrikers Prinz Emil von Schönaich-Carolath auf sein Schloss Haseldorf in Holstein. Sieben Wochen lebt Rilke auf dem herrschaftlichen Anwesen im «Cavalierhaus» inmitten eines großen Parks. Er liest die Korrekturfahnen seines *Buchs der Bilder*, versucht aber vor allem, für die Zukunft eine Lösung zu finden.

Am 28. Juni 1902 nimmt Rilke das Angebot des Breslauer Kunsthistorikers Richard Muther, eine Abhandlung über Auguste Rodin zu schreiben, zum Anlass, sich in einem (französisch geschriebenen) Brief direkt an den *erlauchten Meister* zu wenden: *Einer meiner sehnlichsten Wünsche ist [mit dem Auftrag, einen Band zu schreiben, der Ihrem Werk gewidmet ist,] in Erfüllung gegangen, denn die Gelegenheit, über Ihre Werke zu schreiben, ist für mich eine innere Berufung, ein Fest, eine Freude, eine große, edle Aufgabe [...]. Dazu bedarf es nichts weniger als Ihres großmütigen Beistands. Ich werde nach Paris kommen in diesem Herbst, um Sie zu sehen und um mich in Ihre Werke zu versenken, und besonders, um in die Zeichnungen einzudringen, von denen noch so wenig im Ausland bekannt ist.*[103]

Schon zwei Monate später, am 28. August 1902, bezieht Rilke in Paris Quartier, während Clara noch den Hausstand in Westerwede auflösen und die gemeinsame Tochter Ruth bei ihren Eltern in Oberneuland bei Bremen unterbringen muss, bevor sie ihm am 4. Oktober nach Paris folgt. Für Rilke ist dieser Beginn eines neuen Lebensabschnitts in der Großstadt ein Albtraum. Er irrt durch die Stadt, sieht voller Beklommenheit die Armut, das Elend, die vielen Kranken. *Paris [...] ist mir sehr, sehr fremd. Mich ängstigen die vielen Hospitäler, die hier überall sind. [...] Man sieht Kranke, die hingehen und hinfahren, in allen Straßen. Man sieht sie an den Fenstern des Hôtel-Dieu in ihren seltsamen Trachten, den traurigen blassen Ordenstrachten der Krankheit. Man fühlt auf einmal, daß es in dieser weiten Stadt Heere von Kranken gibt, Armeen von Sterbenden, Völker von Toten.* So sein erster Bericht an Clara.[104] Er beginnt die französischen Symbolisten zu verstehen, Baudelaire, Mallarmé, Verlaine, die das Abstoßende der Stadt darstellen. Und er sucht nach einem Gegengewicht, ist von der Großartigkeit der Kathedrale Notre-Dame beeindruckt, streift durch die Tuilerien und besucht immer wieder den Louvre, wo er in der Nike von Samothrake Griechenland für sich entdeckt und ehrfurchtsvoll *vor der Gioconda* steht. *Das waren Gegengewichte, gewiß. Aber die Atmosphäre drückte durch alles durch und drückt heute wie am ersten Tage.*[105]

Allein sein Auftrag gibt ihm Halt: Die erste persönliche Begegnung mit Auguste Rodin wird zu einem einschneidenden Erlebnis. *Er ließ die Arbeit im Stich, bot mir einen Sessel an, und wir sprachen. Er war gut und mild. Und mir war, als kennte ich ihn immer schon.*[106] Vor allem beeindruckt Rilke das hohe Arbeitsethos des Bildhauers. Er muss einsehen, dass nicht nur künstlerische Intuition und genialer Einfall, sondern auch diszipliniertes und konzentriertes Arbeiten am Material, genaues Hinschauen und Erfassen des Modells, unermüdliches Feilen am halbfertigen Stück zu einem den Künstler befriedigenden Ergebnis führen. Erst im geduldigen Prozess der Formung zeigt sich die Begabung des Bildners. Jede *Zumutung der Inspiration* abzuschütteln und an die Stelle einer nur punktuellen *Eingebung* das fortwährende *Gut-Machen* zu setzen[107], das bedeutet für Rilke die Absage an eine Schaffensweise, die sein bisheriges Werk bis hin zum *Cornet* entscheidend mitbestimmte. Die neue Devise lautet: *Aber vor allem die Arbeit. Was man bei Rodin fühlt: sie ist Raum, sie ist Zeit, sie ist Wand, sie ist Traum [...] Arbeiten. – Werde ich es können?*[108]

Inzwischen ist Clara in Paris angekommen. Mit ihr zieht er in die Rue de l'Abbé de l'Epée, allerdings in separate Räume, getreu der vereinbarten Lebensdevise eines Getrennt-voneinander-Arbeitens: *Unser Plan ist, zu arbeiten, wie wir noch nie gearbeitet haben.*[109] Doch das gemeinsame Schaffen trägt nicht dazu bei, die innere Unruhe des Dichters, seine Irritation durch die fremde große Stadt zu mindern. Als Rilke nach vier Monaten, Ende Dezember 1902, das fertige Manuskript zum Rodin-Buch dem Verlag eingeschickt hat, verschärfen sich seine Krankheitszustände rapide; seine psychische Konstitution wird mehr und mehr instabil, es häufen sich grippeartige Anfälle.

Auguste Rodin in seinem Pariser Atelier, um 1905

Am 19. März 1903 flieht er allein nach Viareggio, in den Ort, der ihm vor annähernd fünf Jahren glückliche und erfüllte Wochen schenkte; auf seine Bitten hin hatte der Vater ihm den Luftwechsel ermöglicht. Er lebt einfach, badet täglich im kalten Wasser des ligurischen Meeres, liest in der Bibel und die «Kleinen Gedichte in Prosa» von Charles Baudelaire. Die Rückbesinnung auf sich selber dürfte dazu beigetragen haben, dass sich das Bild Lous mit aller Macht in den Vordergrund schiebt. Und er schreibt einen dritten Teil der *Gebete*, des Buches, das allein ihr gewidmet ist, des *Stunden-Buchs*. Die deprimierenden Bilder, die das Erlebnis Paris so sehr ins Negative gewendet haben, all das Grauen, das ihn dort verfolgte, die zerstörerischen Phantasien, die er in der Frustration des Stadtlebens entwickelte, bannt er in die mythologischen

DENN, Herr, die großen Städte sind
verlorene und aufgelöste;
wie Flucht vor Flammen ist die größte, –
und ist kein Trost, daß er sie tröste,
und ihre kleine Zeit verrinnt.

[...]

Da wachsen Kinder auf an Fensterstufen,
die immer in demselben Schatten sind,
und wissen nicht, daß draußen Blumen rufen
zu einem Tag voll Weite, Glück und Wind, –
und müssen Kind sein und sind traurig Kind.
«Das Stunden-Buch», Teil III, «Das Buch von der
Armut und vom Tode». SW I, 345 f.

Bilder der neuen Gebete, und er nennt den nunmehr entstehenden
Zyklus *Das Buch von der Armut und vom Tode.*

Als nach seiner Rückkehr nach Paris die Depression sich noch
verstärkt und er sich nicht mehr zu helfen weiß, bricht Rainer
nach fast zweieinhalb Jahren das Schweigen und schreibt am
23. Juni 1903 an seine frühere Geliebte: *Seit Wochen will ich diese
Worte schreiben, und wage es nicht, aus Furcht, es könnte viel zu früh
sein; aber wer weiß, ob ich in der schwersten Stunde kommen kann. Ich
werde diesen Sommer während des July und August [in Worpswede]
sein. Wenn ich in dieser Zeit einmal nur, für einen einzigen Tag bei Euch
Zuflucht suchen dürfte! Ich weiß nicht, ob das möglich ist.* Die Antwort
kommt prompt. Lou schlägt zwar vor: «[...] laß uns in diesem Fall
zunächst schriftlich uns wieder sehn. Für zwei alte Schreiberiche
wie wir bedeutet das ja nichts Künstliches», aber gibt ihm zugleich ein Zeichen der Versöhnung: «[...] und wovon Du mir auch
sagen willst, es wird zu mir gerade so kommen wie einst zu / Lou.»
Aus der Rückschau unterstreicht er noch einmal: *In Paris, in jenen
allerschwersten Tagen, da sich von mir, wie von einem Erblindenden,
alle Dinge zurückzogen, da ich zitterte vor Angst, das Gesicht des al-
lernächsten Menschen nichtmehr zu erkennen, da hielt ich mich daran,
daß ich D i c h noch erkannte in meinem Innern, daß mir Dein Bild nicht
fremd geworden war [...] in der fremden Leere, in der ich leben mußte.*
Lous schnelle Antwort ist ihm eine wunderbare Erleichterung,
eine Beruhigung, die er *mit allen Sinnen* begierig aufnimmt.

Der Damm ist gebrochen, eine Flut von Briefen überschwemmt in den nächsten Wochen Lou, oftmals in täglichem Abstand. Und Lou antwortet regelmäßig, bietet ihre Hilfe an, gibt Ratschläge, nimmt Stellung zu seiner Arbeit, zu seinen Überlegungen über Sinn und Aussehen künftiger Dichtung. Aus einer Liebesbeziehung wird nun innige Freundschaft.

Bis zu seinem Lebensende bleibt sie die Vertraute, mit der er die persönlichsten Probleme besprechen kann, der er seine Sorgen und Ängste anvertraut; sie bleibt die Anlaufstelle, wenn er gar nicht weiterweiß. Wie im November desselben Jahres: *Mein Kampf, Lou, und meine Gefahr liegt darin, daß ich nicht wirklichwerden kann, daß es immer Dinge giebt, die mich verleugnen, Ereignisse, die mitten durch mich durchgehen, wirklicher denn ich und so als ob ich nicht wäre. Früher glaubte ich, das würde besser, wenn ich einmal ein Haus hätte, eine Frau und ein Kind, Wirkliches und Unleugbares [...]. Aber sieh, Westerwede war, war wirklich [...]. Aber es war eine Wirklichkeit außer mir [...]. Nur in den (so seltenen) Arbeitstagen werde ich wirklich, bin, nehme Raum ein wie ein Ding [...]. Aber immer wieder, nach solchen Stunden des Eingefügtseins, bin ich der fortgeworfene Stein, der so müßig ist, daß das Gras des Nichtsthuns Zeit hat auf ihm lang zu werden. Und daß die Stunden dieses Fortgeworfenseins nicht seltener werden, sondern nun fast immer dauern, muß mich das nicht bange machen?* Dieses geniale Bild des überwucherten Steins, von ihm selbst hervorgebracht und zum Ding erschaffen, wird beim Schreiben, man spürt es förmlich, für ihn selbst zur beängstigenden Wirklichkeit, die ihn wie ein über dem Kopf hängender Felsbrocken bedroht; ja, wie erstickt unter dem wildwuchernden Gras stellt er verzweifelt die Frage: *Wenn ich so liege und zuwachse, wer wird mich finden unter allem was auf mir wächst?*[110] Dass es auf diese drängenden Fragen nunmehr eine Antwort zu geben scheint, eine Instanz, die ihre Hilfe anbietet, eine Freundin, die ihn nun nicht mehr im Stich lässt, das gibt ihm einen Halt selbst in solchen schweren Stunden.

Im Dezember 1905 erscheint im Insel-Verlag Leipzig *Das Stunden-Buch* mit der Widmung *Gelegt in die Hände von Lou.*

« Ich fange an, Neues zu sehen ». Paris 1903 – 1910

Am 23. Juni 1903, dem Tag, als Rilke den Kontakt zu Lou wieder-
herstellt, nimmt er zugleich Abschied von Rodin. Der Auftrag ist
abgeschlossen. Mit einem positiven Gutachten des Bildhauers für
Clara im Gepäck, das ihren Stipendiumsantrag für einen Aufenthalt in Italien unterstützen soll, kehren beide am 1. Juli für knapp
zwei Monate nach Worpswede zurück. Rilke fühlt sich jedoch im
Kreis der Worpsweder Freunde nicht mehr wohl, selbst in Vogelers Kunst stellt er einen beängstigenden Stillstand fest: *Heinrich
Vogelers Kunst [...] verliert immer mehr an Anschauung und Sicherheit
und ist ganz auf den Zufall einer spielerischen Erfindung gestellt die sich
von den Dingen entfernt. [...] Und es kann keine Kunst kommen daraus,
denn die Kunst kann sich nicht wiederholen.*[111] Für eine Woche besuchen Clara und Rilke in Oberneuland ihre Tochter Ruth; es fällt
ihnen schwer, *in dem laufenden, aufrechten und sprechenden Kindchen,
das kleine [...] Wesen wiederzufinden, von dem* sie *im Herbst des vorigen
Jahres fortgegangen waren*[112].

Da es mit der Arbeit nichts wird, beschließt Rilke, wie er Lou
schreibt, *schon vor Ende August* nach Rom aufzubrechen, *denn es verlangt mich sehr, die Antike zu sehen [...]. Mit [ihr] und mit den gothischen
Bildwerken hat Rodins Werk [...] mich verbunden und ich fühle einen italienischen Aufenthalt jetzt als eine natürliche Fortsetzung des Besten was
Paris mich lernen ließ.*[113] Von August 1903 bis Juni 1904 arbeiten Clara und Rainer in Italien. Rilke wohnt zunächst in der belebten Innenstadt in der Nähe des Kapitols, nach zwei Monaten findet er
in dem etwas außerhalb gelegenen Park der Villa Strohl-Fern ein
ruhiges Häuschen in unmittelbarer Nähe zu Claras Atelierräu-
men.

Die ersten Berichte über Rom klingen nicht sehr ermutigend.
*Rom [wirkt] erdrückend traurig [...]: durch die unlebendige und trübe
Museumsstimmung, die es ausatmet, durch die Fülle seiner hervor-
geholten und mühsam aufrechterhaltenen Vergangenheiten [...], durch*

die [...] Überschätzung aller dieser entstellten und verdorbenen Dinge, schreibt er an Franz Xaver Kappus, an jenen *jungen Dichter* und Zögling der Militärakademie in der Wiener Neustadt, dem er in zehn langen Briefen der Jahre 1903/04 und 1908 Grundlinien seiner eigenen Einstellung als Dichter darlegt und Ratschläge zu dessen literarischer Tätigkeit erteilt.[114] Unzufrieden ist er auch mit dem eigentlichen Ertrag der neun Monate in Rom: Bestand haben allein drei Gedichte, die später in die Sammlung der *Neuen Gedichte* aufgenommen werden: *Hetären-Gräber*, *Orpheus. Eurydyke. Hermes* und *Geburt der Venus*. Doch hat sich in Rom sehr viel mehr ereignet: Ein Klärungsprozess kommt in Gang, der die Richtung für seine dichterische Arbeit der kommenden sechs Jahre vorgibt. Vom Neubeginn nach einer Periode der Dunkelheit und Verzweiflung berichten die Auftaktverse des letzten der drei Gedichte:

> *AN diesem Morgen nach der Nacht, die bang*
> *vergangen war mit Rufen, Unruh, Aufruhr, –*
> *brach alles Meer noch einmal auf und schrie.*
> *Und als der Schrei sich langsam wieder schloß*
> *und von der Himmel blassem Tag und Anfang*
> *herabfiel in der stummen Fische Abgrund –:*
> *gebar das Meer.*[115]

Von einer *neuen Arbeit*, die er am 8. Februar 1904 begonnen habe, spricht er in einem der vielen an Lou gerichteten Briefe vom Frühjahr 1904, von einer *Art 2. Theil vom «Lieben-Gott-Buch»; nun stecke ich irgendwie mittendrin, ohne zu wissen, ob es weitergeht, wann und wohin*. Wir wissen heute, dass es sich um den Beginn seines *Malte*-Romans handelt, von dem er Lou berichtet, ein Projekt, das sich über die nächsten sechs Jahre bis zum erfolgreichen Abschluss hinstrecken wird.

Am 15. April 1904 begründet Rilke Lou die Schwierigkeit der *neuen Arbeit: [...] da zeigte es sich, daß meine Arbeitsweise (ebenso wie mein viel aufnehmenderes Schauen) sich geändert hat, so daß ich wohl nie mehr dazu kommen werde, ein Buch in zehn Tagen (oder Abenden) zu schreiben, vielmehr für ein jedes lange und ungezählte Zeit brau-*

Orpheus. Skulptur von
Auguste Rodin, 1892

*chen werde; das ist gut, es ist ein Fortschritt nach dem Immerarbeiten
hin, das ich um jeden Preis mir erringen will.*[116] Zwei Aspekte der neu-
en Einstellung streicht Rilke hier heraus, zum einen das *Immerarbeiten*, das *toujours travailler*, das er von Rodin lernte, zum Zweiten das *viel aufnehmendere Schauen*. Gleich zu Beginn des vierten
Abschnitts der *Aufzeichnungen des Malte Laurids Brigge* lesen wir:
*Ich lerne sehen. Ich weiß nicht, woran es liegt, es geht alles tiefer in mich
ein und bleibt nicht an der Stelle stehen, wo es sonst immer zu Ende
war.*[117] Schon in Worpswede hatte sich diese neue Einstellung
vorbereitet, und es ist kein Zufall, dass die drei Gedichte, die in

Rom entstehen, von Kunstwerken ausgehen, von Skulpturen und Malereien der Antike und der Renaissance. Und wenn in allen drei Gedichten *Mädchen* oder junge Frauen im Mittelpunkt des dargestellten Geschehens stehen – in der Geburt der Venus ist es ein *Mädchen,* das aus den Wogen *aufstand, weiß, verwirrt und feucht*[118] –, so erscheint der Verweis auf die Worpsweder *Mädchen in Weiß,* die *blonde Malerin* Paula und die Bildhauerin Clara, unübersehbar.

> Und ich fühle schon, wie mir der Name im Munde zerfließt, wie das alles nurmehr der Dichter ist, derselbe Dichter, der «Orpheus» heißt, wenn sein Arm auf einem ungeheuern Umweg über alle Dinge zu den Saiten geht [...].
>
> «Auguste Rodin. Zweiter Teil».
> SW V, 215

Es sind die bei Rodin gesammelten Erfahrungen, die diese Ansätze aus früherer Zeit verstärken und in systematische Bahnen lenken. *Rodin [...] sah besser als irgendeiner, daß alle Schönheit [...] gefährdet ist durch Verhältnisse und Zeit, daß sie ein Augenblick ist, eine Jugend, die in allen Altern kommt und geht, aber nicht dauert. Was ihn beunruhigte war gerade der S c h e i n dessen, was er für unentbehrlich hielt, für nothwendig und gut: der Schein der Schönheit. Er wollte daß sie s e i und sah seine Aufgabe darin, Dinge (denn Dinge dauerten) in die weniger bedrohte, ruhigere und ewigere Welt des Raumes zu passen.*[119] Das neue Sehen soll Flüchtiges, Unfasslich-Geistiges zum ‹Ding› machen, weil allein *Dinge dauerten.* Das Wort *Ding* – Rilke spricht wiederholt auch von den *russischen Dingen* – benutzt er nicht etwa aus Unvermögen, sondern als absichtliche Setzung: Das *Ding* ist namenlos, von den Traditionen, die in jeder sprachlichen Benennung stecken, unbelastet; es ist vorurteilslos seiend: *Dinge – Namenloses – Gefäße.*[120] Worte dagegen sind abgenutzte Münzen. *Ich fürchte mich so vor der Menschen Wort,* schreibt Rilke bereits im November 1897,

> *Ich will immer warnen und wehren: Bleibt fern.*
> *Die Dinge singen hör ich so gern.*
> *Ihr rührt sie an: sie sind starr und stumm.*
> *Ihr bringt mir alle die Dinge um.*[121]

In seinem Rodin-Vortrag, mit dem er im Herbst 1905 seine Erkenntnisse der drei Jahre früher geschriebenen Monographie ergänzt, hat er sein Verständnis des Wortes *Ding* noch präzisiert:

Aber, da ich es versuche, meine Aufgabe zu überschauen, wird mir klar, daß ich Ihnen nicht von Menschen zu reden habe, sondern von Dingen.

Dinge.

Indem ich das ausspreche (hören Sie?) entsteht eine Stille; die Stille, die um die Dinge ist. Alle Bewegung legt sich, wird Kontur, und aus vergangener und künftiger Zeit schließt sich ein Dauerndes: der Raum, die große Beruhigung der zu nichts gedrängten Dinge.

Das Wort *Ding* wird von allem Umgebenden isoliert, als reines Hörerlebnis dargeboten. Es steht nur für sich im Raum: *Erst dann war ein Ding da, erst dann war es Insel, überall abgelöst von dem Kontinent des Ungewissen.* Die späten Zeichnungen Rodins, nach Rilke *das Endgültigste einer langen ununterbrochenen Erfahrung. Und sie enthalten es [...] in einem atemlos der Natur abgenommenen Kontur, in dem Kontur eines Konturs [...]. Niemals sind Linien [...] von solcher Ausdrucksfähigkeit gewesen und zugleich so absichtslos. Denn hier ist nichts Dargestelltes, nichts Gemeines, keine Spur von einem Namen.* [122]

Damit nähert sich Rilkes Position des ‹Neuen Sehens› den Erkenntnissen, die der Russische Formalismus in seiner Theorie der «Erweckung des dichterischen Wortes» zehn Jahre später entwickeln wird. «Und gerade, um das Empfinden des Lebens wiederherzustellen, um die Dinge zu fühlen, um den Stein steinern zu machen, existiert das, was man Kunst nennt.» [123] Ähnlich, wie Rilke durch das Studium des Rodin'schen Werks den Prozess des Formens als *Arbeit* begreift, heben auch die Formalisten in St. Petersburg und Moskau das künstlerische «Verfahren», die Formung und Verfremdung der Worte als Merkmal des Kunstwerks hervor.

Dass Rilke im Frühjahr 1904 mit seinen Projekten nicht so recht vorankommt, liegt freilich nicht nur am Wandel seiner Arbeits- und Sehweise, auch mancherlei äußere Störungen bedrängen ihn. Schon in Oberneuland wollte er am liebsten ganz allein sein, *möchte alle vergessen, meine Frau und mein Kind, und alle, alle Namen und Beziehungen und Gemeinsamkeiten und Hoffnungen, die sich mit anderen verbinden* [124], und nun kommt neben vielen anderen Besuchern im April 1904 auch noch seine Mutter nach Rom. *Jede Begegnung mit ihr ist ein Rückfall,* beklagt er sich bei Lou, *[mir] graut [...] vor ihrer zerstreuten Frömmigkeit, vor ihrem eigensinnigen Glau-*

ben. Störungen stellen auch die zahlreichen Sendungen dar, die von seinem Verleger aus Leipzig eintreffen. Rilke hatte, um seine Haushaltskasse aufzubessern, für Axel Juncker eine Lektorentätigkeit übernommen. Für monatlich 50 Mark musste er eingereichte Manuskripte lesen und begutachten.

Vor allem beeinträchtigt das römische Klima sein Befinden, seine *Sinne* sehnen sich nach *nördlicheren und ernsteren Ländern.*[125] Als Rilke die zweite Auflage seiner *Geschichten vom lieben Gott* im Frühjahr 1904 der schwedischen Pädagogin und Frauenrechtlerin Ellen Key widmet, hatte er schon eine Reise in die skandinavischen Länder im Auge. Rilkes Vorliebe für skandinavische Autoren zeigte sich bereits früh; seit 1897 plant er, eine Jacobsen-Biographie zu schreiben, jetzt lernt er Dänisch, um Jacobsens und Kierkegaards Werke im Original lesen zu können. Er bespricht Werke von Herman Bang, Ellen Key, Selma Lagerlöf, Sigbjörn Obstfelder und erwog 1902 eine Übersiedlung der Familie nach Dänemark.

Als Ellen Key, die in Schweden Vorträge über Rilke hält, eine Einladung dorthin vermittelt, bricht der Dichter am 12. Juni 1904 seinen Rom-Aufenthalt ab. Clara begibt sich zur Tochter nach Oberneuland, während Rilke nach Borgeby Gård fährt, *einem kleinen schwedischen Schlosse, in der Nachbarschaft von Lund.* Dort ist er Gast der Malerin Hanna Larsson und ihres späteren Ehemanns, des Schriftstellers Ernst Norlind, und genießt das einsame Leben in Südschweden: *Alles still und einfach. Für mich: Barfußgehen, Stillsitzen, Lesen, Erzählenlassen und dann und wann selbst Erzählen. Obst essen und Grütze aus Korn, Milch trinken. Sich nach Arbeit sehnen, aber mit Geduld und Einsicht. Vor allem Ausruhen, was not thut.*[126] Das Schreiben beschränkt sich zunächst auf Briefe, unter anderem an Ellen Key, Franz Xaver Kappus und an Clara: *Ich schreibe nicht einmal Tagebuch [...]. Daß ich dänische Leseversuche mache, täglich drei bis vier Stunden, ist ja auch etwas.*[127] Immerhin bemüht er sich, Jacobsens «Gurrelieder» und die Briefe Sören Kierkegaards an seine Verlobte zu übersetzen. Ansätze, dem *Stunden-Buch* einen vierten Teil hinzuzufügen, gibt er bald wieder auf. Erst im Spätsommer wird seine Produktivität etwas reger; er überarbeitet seinen *Cornet* für eine erste Veröffentlichung, schreibt sein Drama *Die weiße Fürstin* um und nimmt sich dann den *Malte* vor.

Am 24. August 1904 holt er Clara von Kopenhagen ab und bringt sie mit nach Borgeby Gård. Tags darauf kommt Ellen Key, und zu dritt besuchen sie deren Freunde James und Lizzie Gibson in dem geräumigen Landhaus in Furuborg (in Jonsored bei Göteborg), wo für Rilke ein nächster längerer Aufenthalt vereinbart wird. In der zweiten Septemberhälfte weilt er mit Clara in der dänischen Hauptstadt, um sich dort in der Naturheilanstalt Skodsborg untersuchen zu lassen. Den empfohlenen Sanatoriumsaufenthalt tritt er allerdings nicht an, trifft stattdessen Freunde und lernt nun auch Georg Brandes, den großen dänischen Literaturkritiker und Vermittler deutscher und skandinavischer Literatur, persönlich kennen. Nach ein paar gemeinsamen Tagen in Furuborg bei den Gibsons bringt er Clara am 6. Oktober in Kopenhagen an die Bahn und genießt dann allein noch nahezu zwei Monate die Gastfreundschaft des schwedischen Ehepaars.

James Gibson ist Förderer der «Högre Samskola» (Höheren Gesamtschule) in Göteborg, einer Privatschule, die nach den Grundsätzen einer fortschrittlichen Reformpädagogik aufgebaut war. Noch zusammen mit Clara hatte Rilke zweimal die Schule besucht – und ist begeistert; genau wie vor zwei Jahren, als er zu Ellen Keys engagierter Programmschrift «Das Jahrhundert des Kindes» schrieb: *Freie Kinder zu schaffen, wird die vornehmste Aufgabe dieses Jahrhunderts sein. Ihr Sklaventum ist schwer und schrecklich; es beginnt, noch ehe sie geboren sind, und endet damit, daß sie schließlich Erwachsene und Eltern, das heißt wieder Unterdrücker von neuen Kindern werden.* Der Traum einer künftigen Schule, die *das Leben des Kindes als ein berechtigtes selbständiges Leben* gelten lässt, *einer Schule ohne Prüfungen und ohne Wettstreit,* begeisterte ihn schon damals.[128] Nun findet er diese Ideen in die Praxis umgesetzt. *Es ist eine ungewöhnliche, eine völlig unimperativische Schule; eine Schule, […] die sich nicht für fertig*

> Meine geträumte Schule kommt solange nicht zustande, wie die Staaten ihre größten Opfer für den Militarismus bringen. Erst wenn dieser überwunden ist, wird man es in der Entwickelung so weit gebracht haben, daß man einsieht, daß der teuerste Schulplan – der wohlfeilste ist. Denn dann beginnt man starke menschliche Hirne und Herzen als den höchsten Wert der Gesellschaft zu betrachten!
> Ellen Key: Das Jahrhundert des Kindes. Gekürzte Volksausgabe. Berlin 1907, 203

hält, sondern für etwas Werdendes, daran die Kinder selbst, umformend und bestimmend, arbeiten sollen. [...] Und man fühlt gleich, wenn man die Schule betritt, den Unterschied. Man ist in einer Schule, in der es nicht nach Staub, Tinte und Angst riecht, sondern nach Sonne, blondem Holz und Kindheit.[129] So wirbt Rilke für die Idee des Schulprojekts in Deutschland in einem Aufsatz, der am 1. Januar 1905 in Maximilian Hardens Zeitschrift «Zukunft» erscheint.

Zur Zeit des wilhelminischen Schulwesens waren solche pädagogischen Reformprogramme revolutionär, standen sie doch in eklatantem Widerspruch zum deutschen Schulalltag, und sie können selbst in heutiger Zeit noch als richtungsweisend gelten. Für Rilke aber hatte die Idee der Samskola noch einen besonderen Stellenwert, verstand er sie doch als Gegenentwurf zur verhassten Militärakademie; *an einer wie wesentlichen Stelle sie mich ergriffen hat,* erläutert er in einem Vortrag vor den Lehrern und Förderern der Schule. In den Räumen dieser Schule wird ihm im November 1904 auch Gelegenheit gegeben, vor größerem Publikum, das *voll Bereitschaft und Freude* lauscht[130], aus seinen Werken vorzulesen. Wie in keiner anderen Phase seines Lebens setzt er sich in dieser Zeit hochengagiert für Vorhaben zur gesellschaftlichen Veränderung ein: Er trägt sich mit Plänen, ein ähnliches freiheitlich-demokratisches Schulprojekt auch in Norddeutschland zu gründen, und nimmt in den nächsten Jahren mehrfach Stellung zugunsten reformpädagogischer Veränderungen im Schulwesen.

Anfang Dezember 1904 tritt er seine Rückfahrt nach Oberneuland an, feiert Weihnachten im Kreis der Familie, fühlt sich jedoch zunehmend unwohl. Den Ertrag aus Vorträgen über Rilkes Werk, die Ellen Key an verschiedenen Orten in Schweden und Deutschland hält, stellt die Freundin dem Dichter zur Verfügung; Rilke verwendet die unverhoffte Einnahme, um sich und seiner Frau noch einmal die kostspielige Kur im Sanatorium «Weißer Hirsch» bei Dresden zu gönnen. Gelohnt hat sie sich vor allem in einer Hinsicht: Rilke macht während der Kur die Bekanntschaft der Gräfin Luise Schwerin; durch sie wird er in einen Kreis von einflussreichen und wohlhabenden Verwandten und Freunden eingeführt, der ihm das Leben nicht nur in materieller Hinsicht erleichtert, sondern auch ideell seine dichterischen Projekte nachhaltig unterstützen wird. Noch für die zweite Jahreshälfte 1905 bietet sie ihm großzügige Hilfe und Gastfreundschaft auf ihrem Besitztum Schloss Friedelhausen in Lollar an der Lahn an, die der Dichter in der Zeit vom 28. Juli bis 9. September – in der ersten Augusthälfte von Clara begleitet – sogleich nutzt.

Im Juni 1905 kommt es endlich zum langersehnten Wiedersehen mit Lou in Göttingen. Rilke kann es kaum fassen: *[...] ich lese es nicht, ich höre es als Botschaft. Ich danke Dir. Ich freue mich. Ich weiß, daß dieses Jahr gesegnet ist und voll von Gutem, da es wirklich dieses Eine bringen soll.*[131] Voll von Gutem ist das Jahr noch in anderer Hinsicht. Schon im März des Jahres hatte Rilke Einladungen aus verschiedenen Städten erhalten, über Rodin zu sprechen. Und noch wichtiger: In Friedelhausen erreicht ihn Anfang September von Rodin selbst ein Telegramm aus Paris, er sei bei ihm herzlich eingeladen und könne bei seinem nächsten Paris-Aufenthalt bei ihm in Meudon wohnen.

Am 9. September 1905 verlässt Rilke Friedelhausen in Richtung Paris, macht aber noch Zwischenstation in Bad Godesberg, um dem Ehepaar von der Heydt einen zweitägigen Besuch abzustatten. Der Dichter hatte Elisabeth und Karl von der Heydt – sie gehören zu dem großen Bekanntenkreis der Gräfin Schwerin – auf dem Schloss der Gräfin als Freunde und Förderer gewinnen können. Der Besuch, den er in den nachfolgenden Jahren mehrfach wiederholen wird, festigt die persönliche Beziehung zu den beiden, die in einem intensiven Briefwechsel eindrucksvoll dokumentiert ist. Die 1907 erscheinenden *Neuen Gedichte* sind *Karl und Elisabeth von der Heydt in Freundschaft* gewidmet.

Der zweite Aufenthalt in Paris leitet eine der produktivsten Perioden im Leben Rilkes ein. Für fast neun Jahre wird die französische Hauptstadt sein Lebenszentrum sein. Wenn auch viele Reisen den Aufenthalt unterbrechen, wird er immer wieder hierher zurückkehren, und immer stärker wird ihm die französische Metropole ans Herz wachsen. Sein Blick, seine Lebenseinstellung sind nach seiner Ankunft wie verwandelt, eine Hochstimmung hat ihn erfasst, die alle Hässlichkeit der Stadt, die Hospitäler mit den Kranken, das Elend auf den Straßen vergessen lässt. Eine weitere Steigerung seines Hochgefühls stellt sich ein, als er das *kleine*

Paris: die Île de la Cité und die Seine. Photochrom, um 1905

Häuschen bezieht, das ihm Rodin in seinem Garten von Meudon zur Verfügung stellt: *Denk nur, wie gut ichs habe [...] drei Räume [ganz für mich], mit entzückenden Dingen, voll Würde und dem Hauptfenster mit allen Herrlichkeiten des Sèvres-Tales, der Brücke, den Weiten mit ihren Dörfern und Dingen.* Rodin erscheint ihm von beispielloser *Größe*, nimmt die Attribute eines Gottes an, steigt vor ihm auf *wie ein ganz naher Turm, seine Güte [...] wie ein weißer Vogel, der einen schimmernd umkreist.*[132] Das Ehepaar Rodin nimmt ihn auf Ausflügen in die Umgebung mit, nach Versailles und nach Chartres, *in eine kleine helle französische Stadt und [wir] sahen über einem Haufen kleiner, zusammengeschobener Häuser aus dem Gedränge einen Turm aufsteigen, der oben blühte von Gotik, und einen anderen, wie eine Knospe von Gotik daneben*[133].

In dieser Atmosphäre beginnt Rilke wieder zu schreiben. Zunächst entwirft er den Rodin-Vortrag, um den man ihn gebeten hat, und er greift dabei nicht zurück auf das in der Monographie bereits Gesagte, sondern erfasst nunmehr das Zentrum der Rodin'schen Arbeit – zumindest das, was er in diesen glücklichen Tagen als solches zu sehen vermeint (und was in vielen Fällen den Intentionen des eigenen Dichtens entspricht). Der Vortrag gerät ihm zu einem der bedeutendsten Texte, die er in Prosa je verfasst hat. Und er schreibt Gedichte. Viele der *Neuen Gedichte* sind in Meudon entstanden, Eindrücke und Beobachtungen während des Aufenthalts bei Rodin verarbeitend. Die genauen Ortsangaben, die er oftmals unter die Titel setzt, sollen bezeugen, dass es sich bei dem Dargestellten um ein konkret geschautes ‹Ding› handelt. So kann man fast alle Texte, die in dieser Phase entstehen, auf das Programm seiner ‹Ding-Poetik› zurückführen, als Früchte des Programms eines ‹neuen Sehens›.

Noch im September 1905 bittet ihn Rodin, *als sein Privat-Sekretär bei ihm zu bleiben.* Trotz einiger Bedenken, sein schlechtes Französisch reiche für die anfallenden Schreibarbeiten nicht aus, nimmt er überglücklich an. *Rodin will, daß ich viel Zeit für mich haben soll, denn um mir zu helfen, hat er mir diese Stelle gegeben. Ich bin wie ein Gast gehalten, nach wie vor […] und überdies beziehe ich ein Monatsgehalt von 200,– Frcs.* Im Oktober hält er seinen Rodin-Vortrag – *der mir viel reifer scheint, als mein Rodin-Buch*[134] – in Dresden und Prag, und für das Frühjahr 1906 hat ihn Herwarth Walden nach Berlin eingeladen. Er verbindet diese zweite große Vortragsreise mit Lesungen aus seinen Dichtungen und mit Besuchen bei Freunden und Förderern. Am 14. März 1906 stirbt sein Vater. Er fährt sofort nach Prag, um die Trauerfeierlichkeiten auszurichten und den Nachlass zu ordnen. Immerhin war ihm der Vater *die Güte selbst, die treueste Hilfe, der rührendste Freund […], von Jahr zu Jahr immer mehr sich mir nähernd in hingebender Herzlichkeit*[135].

Nach seiner Rückkehr nach Paris kommt es Anfang Mai 1906 zum Zerwürfnis mit seinem Arbeitgeber: Rodin wirft ihm vor, er habe seine Korrespondenz eigenmächtig bearbeitet, und entlässt ihn ohne weitere Vorankündigung. Rilke kommt die Beendigung des Arbeitsverhältnisses nicht ungelegen, hatte er doch in den letzten Wochen kaum mehr Zeit für seine eigene Arbeit gefunden. An Karl von der Heydt hatte er schon am 7. April geschrieben: *So stark ist in mir das Gefühl, daß ich jetzt etwas machen könnte, müßte, – [...] was aber hier nicht kommen kann, erdrückt von den Korrespondenzen.* Auf diesen Hilferuf reagiert der Mäzen sofort mit der Frage, was er denn für ihn tun könne, und Rilke, auf den Verlust seines Vaters abhebend, antwortet ihm schmeichelnd: *Nur mein Vater hätte so fragen können. Und ich fühle, daß ich Ihnen antworten kann, wo ich ohne Bedenken ihm aufrichtig geantwortet hätte.* Mit atemberaubender Freimütigkeit, im Gestus des kindlichen, des ‹reinen› Dichters, baut er seinen Brief zu einem rhetorisch feinziselierten Meisterwerk auf, raffiniert in seiner unausweichlichen Überzeugungskraft: *Ich überlege ernsthaft und ging ganz zu Rate in mir diese Nacht: Was können Sie für mich tun? Lieber Freund: Was ich, meinem Gefühl und meinem Gewissen nach, nötig hätte, das ist: ein, zwei Jahre nur für mich arbeiten zu können [...].*[136] Karl von der Heydt lässt diese Suada nicht unbeeindruckt – er springt für das ausbleibende Gehalt ein und sichert mit großzügigen Zahlungen den Unterhalt der kommenden Jahre.

Rilke zieht wieder in die Innenstadt und findet in einem kleinen Hotel in der Rue Cassette 29 eine ihm ausreichend erscheinende Unterkunft. In einem späteren Brief an Lou nennt Rilke die nun anbrechenden Jahre 1906 bis 1909 *meine beste pariser Zeit [...] da ich nichts und niemanden erwartete und die ganze Welt mir immer mehr nur noch als Aufgabe entgegenströmte und ich klar und sicher, mit purer Leistung antwortete*[137]. Ganz ohne Besuche und Ablenkung durch Reisen geht es allerdings auch in dieser arbeitsreichen Phase nicht ab. Ende Mai 1906 kommt für drei Wochen Ellen Key nach Paris und nimmt den Dichter mit Ausflügen, Theaterabenden und Lesungen stark in Anspruch. Und seit Ende Februar schon ist Paula Modersohn-Becker in der Stadt. Rilke hat inzwischen ihre künstlerische Bedeutung erkannt: Er findet in ihrer Malerei eine ganz eigene Entwicklung, *rücksichtslos und geradeaus malend, Dinge, die sehr worpswedisch sind und die doch noch nie einer sehen und malen konnte. Und auf diesem ganz eigenen Wege sich mit Van Gogh und seiner Richtung seltsam berührend [...]*[138]. Er besucht sie mehrfach in ihrem Atelier, ab Ende Mai sitzt er selbst für ein Porträt Modell. Mitte

Juni bricht er – aus Arbeitsüberlastung, wie er sich nachträglich entschuldigt – die Sitzungen ab.

Es ist strittig, ob die Malerin das Bild dennoch als vollendet ansah oder ob sie auf eine spätere Fertigstellung hoffte. Wie auch immer, das Gemälde ist eines der großen expressionistischen Werke der *blonden Malerin* geworden. Es zeigt den Dichter in einem Gesichtsausdruck, der «streng fast abweisend» und doch von einer Verletzlichkeit durchdrungen wirkt. Die Aufmerksamkeit konzentriert sich auf Augen und Mund: ein durchdringender, gleichsam abwesender Blick, den Mund wie zum Sprechen halb geöffnet, Sehen und dichterisches Sagen in dieser Weise intuitiv erfassend.[139] Rilke selbst hat sich zu seinem Porträt nie geäußert. Als Paula Modersohn-Becker Ende 1907 nach der Geburt ihrer Tochter an einer Blutembolie stirbt, schreibt er jedoch eines seiner schönsten an eine Person gerichteten Gedichte, das *Requiem. Für eine Freundin*, 271 Verse, die den Vergleich mit Friedrich Hölderlins berühmter Elegie «Menons Klagen um Diotima» nicht zu scheu-

Rainer Maria Rilke.
Gemälde von Paula
Modersohn-Becker,
1906. Bremen, Paula-
Modersohn-Becker-
Stiftung, Leihgabe
aus Privatbesitz

en brauchen. Sie sagen manches über sein Verhältnis zur Malerin, zu ihrem – wie auch zu seinem eigenen – Kunstverständnis und zu seiner Deutung des Todes:

> ICH habe Tote, und ich ließ sie hin
> und war erstaunt, sie so getrost zu sehn,
> so rasch zuhaus im Totsein, so gerecht,
> so anders als ihr Ruf. Nur du, du kehrst
> zurück; du streifst mich, du gehst um, du willst
> an etwas stoßen, daß es klingt von dir
> und dich verrät.
>
> [...]
>
> Mich verwirrts,
> daß du gerade irrst und kommst, die mehr
> verwandelt hat als irgend eine Frau.
>
> [...]
>
> So hör mich: Hilf mir [...]
> Denn irgendwo ist eine alte Feindschaft
> zwischen dem Leben und der großen Arbeit.
> Daß ich sie einseh und sie sage: hilf mir.[140]

Das Gedicht wird im Mai 1909 zusammen mit dem – ebenso eindringlichen – *Requiem. Für Wolf Graf von Kalckreuth* (für einen Dichter, der sich mit neunzehn Jahren das Leben nahm) veröffentlicht. Beide Werke reichen in der Thematik wie auch in der Weiterentwicklung der dichterischen Sprache schon über die zuvor veröffentlichten Gedichtbücher hinaus, verweisen bereits auf Ton und Bildlichkeit der Elegien, die Rilke Jahre später in Duino zu schreiben beginnt. Die Jahre 1906 bis 1908 stehen aber zunächst noch ganz im Zeichen der beiden großen Gedichtsammlungen, der *Neuen Gedichte* und *Der Neuen Gedichte anderer Teil*. Erfahrungen und Erkenntnisse dieser Zeit bilden die Grundlage und den Stoff für das Konzept des *sachlichen Sagens*, das Rilke in den beiden Veröffentlichungen zu verwirklichen sucht. Eingegangen sind in die *Neuen Gedichte* (Erster Teil) die Eindrücke und Bilder, die er von der Belgien-Reise des Sommers 1906 mit nach Paris zurückbringt.

Am 29. Juli 1906 trifft er im flandrischen Furnes, *einer kleinen*

*Stadt, mit einem Kirchenschiff, das schon mehr zum Himmel zu gehören
schien als zu ihr, alles viel zu groß für ihre Verhältnisse: der Platz, die
Thürme, die Gebräuche*[141], auf eine Bußprozession mit anschließendem Jahrmarkt, die ihn sehr seltsam berührt. Für das «Berliner Tageblatt» hält er im Aufsatz *Furnes* das Erlebte fest. Mit Clara und
der kleinen Ruth fährt er weiter an die belgische Nordseeküste; auf
der Weiterreise besuchen sie Gent und das *unvergleichlich schöne*
Brügge. Einladungen bestimmen den weiteren Verlauf der Reise:
zunächst beim Ehepaar von der Heydt in Bad Godesberg, sodann
im September auf Schloss Friedelhausen, wo Alice Faehndrich,
die Schwester der verstorbenen Gräfin Schwerin, die großzügige
Gastgeberin ist. Für die Wintermonate lädt sie ihn in ihre Villa
Discopoli ein; *den Winter in voller Arbeitsfreiheit bei ihr in ihrer Villa
auf Capri*[142], jubelt Rilke. Vorher muss Ruth bei der Großmutter in
Oberneuland untergebracht werden, und dann ist er Clara, die für
das kommende Frühjahr eine längere Reise nach Ägypten plant,
behilflich bei der Einrichtung eines Ateliers und einer provisorischen Wohnung in Berlin.

Am 25. November 1906 kann Rilke nach Italien aufbrechen
und trifft nach mehrfachen Zwischenstationen am 4. Dezember
auf Capri ein. Er bewohnt das «Rosenhäusl», einen abseits im
Park gelegenen Pavillon, *die Hausherrin tut in sehr gütiger Weise
alles für mein Wohlbefinden und giebt mir soviel Freiheit und Recht
zur Selbst-Bestimmung, daß ich viel Alleinsein einrichten kann.* Capri
selbst gefällt ihm allerdings weniger, *Capri* ist *ein Unding. [...] was
die Menschen hier aus einer schönen Insel gemacht haben, ist nah am
Abscheulichen.*[143]

Erst in den letzten Wochen seines Aufenthalts entdeckt er die
Faszination der mediterranen Landschaft: *[...] es kann keine Landschaft griechischer sein, kein Meer von antiken Weiten erfüllter als Land
und Meer, wie ich sie auf meinen Wegen in Anacapri zu schauen und zu
erfahren bekomme. Das ist Griechenland, ohne die Kunstdinge der griechischen Welt, aber fast wie v o r ihrem Entstehen.*[144] Zwar schreibt er
Gedichte; einzelne gehen in die beiden Bände der *Neuen Gedichte*
ein; einen kleineren Gedichtkreis, *Improvisationen aus dem Capreser
Winter*, wird er erst 1925 für einen Druck zusammenstellen, zu
Lebzeiten jedoch nicht mehr veröffentlichen. Und im April 1907

überträgt er schließlich die 44 *Sonette nach dem Portugiesischen* von Elizabeth Barrett-Browning[145], wobei ihm die Hausherrin Alice Faehndrich hilft, da er selbst über nur geringe Englischkenntnisse verfügt. Aber insgesamt ist er mit seinem Arbeitsergebnis nicht zufrieden: *Unser kleiner Kreis ist der reizendste, den man sich denken kann, aber für mich ist das so furchtbar schwer, das noch so schöne Beisammensein mit Menschen mit wirklicher Arbeit zu vereinen [...] unter Menschen, und gerade unter lieben, komm ich so leicht dazu, zu reden und alles Mögliche fortzugeben im Gespräch, was dann wohl für die Arbeit fehlt.*[146] Er sehnt sich zurück nach Paris: *Mir ist, als ob alles, d. h. meine Arbeit vor allem, davon abhinge, wie bald ich [dort]hin zurückkomme.*[147]

Seine Stimmung auf Capri dürfte nicht zuletzt dadurch beeinträchtigt gewesen sein, dass seine Beziehung zu Lou in diesen Monaten erneut einen Tiefpunkt erreicht. Lou hatte bei einem Treffen mit Clara in Berlin nicht an Kritik gespart, dass Rilke seine familiären Pflichten so ganz vernachlässige und die väterliche Sorge gegenüber seiner Tochter vermissen lasse. Rilke antwortet seiner Frau, die ihm die Vorwürfe Lous nicht vorenthalten hatte: *Lou meint, man hat kein Recht, unter Pflichten zu wählen und sich den nächstliegenden und natürlichen zu entziehen; aber meine nächstliegenden und natürlichen sind immer, schon in meiner Knabenzeit, diese hier gewesen,* und er beruft sich auf seine höhere Verpflichtung als Dichter; das sei seine *Arbeit,* und Lou sei doch die Erste gewesen, die ihm dazu verholfen habe.[148] Diese Auseinandersetzung mit Lou, obwohl nicht direkt mit ihr ausgefochten, führt zu einer fast zweijährigen Unterbrechung des gegenseitigen Kontakts.

Am 16. Mai 1907 tritt Rilke gemeinsam mit Clara, die sich den letzten Monat von der anstrengenden Ägyptenfahrt bei ihrem Mann auf Capri erholt hatte, die Rückreise an. Eine Woche Aufenthalt im geliebten Neapel gönnen sie sich noch, dann fahren sie beide zurück an die Stätten ihres Wirkens, Clara nach Berlin, Rilke nach Paris. Seinem neuen Verleger Anton Kippenberg – er ist seit 1906 alleiniger Inhaber des Insel-Verlags – hatte Rilke versprochen, dass der neue Gedichtband noch bis Ende des Jahres 1907 erscheinen kann.

Er macht sich in Paris sofort an die Arbeit, lässt sich jedoch den gewohnten Spaziergang durch den «Jardin des Plantes», den bota-

nischen Garten der Stadt mit den großen angeschlossenen Tierge-
hegen, nicht nehmen. Er besitzt die «Autorisation d'artistes», die
ihm an den Vormittagen kostenlosen Zugang zu den Parkanlagen
gestattet. Die Pflanzen und vor allem die Tiere ziehen immer wieder seine Aufmerksamkeit auf sich, und zahlreiche Gedichte der
beiden neuen Sammlungen sind den dort geschauten ‹Dingen›
gewidmet, *Der Panther, Papageien-Park, Die Flamingos.* So auch das
Gedicht *Die Gazelle*, das als eines der letzten der in den ersten Teil
aufgenommenen *Neuen Gedichte* am 17. Juli 1907 entstanden ist.
Einen Monat vorher schreibt er an Clara: *Gestern war ich übrigens
den ganzen Vormittag im Jardin des Plantes, vor den Gazellen. Gazella
dorcas, Linné. […] ich sah, während sie sich streckten und prüften, die
prachtvolle Arbeit der Läufe (wie Gewehre sind sie, aus denen Sprünge
geschossen werden). Ich konnte gar nicht fortgehen, so schön waren sie
[…].*[149]

Die Gazelle

Gazella Dorcas

VERZAUBERTE: wie kann der Einklang zweier
erwählter Worte je den Reim erreichen,
der in dir kommt und geht, wie auf ein Zeichen.
Aus deiner Stirne steigen Laub und Leier,

und alles Deine geht schon im Vergleich
durch Liebeslieder, deren Worte, weich
wie Rosenblätter, dem, der nicht mehr liest,
sich auf die Augen legen, die er schließt:

um dich zu sehen: hingetragen, als
wäre mit Sprüngen jeder Lauf geladen
und schösse nur nicht ab, solang der Hals

das Haupt ins Horchen hält: wie wenn beim Baden
im Wald die Badende sich unterbricht:
den Waldsee im gewendeten Gesicht.

SW I, 506

Am 27. Juli meldet Rilke seinem Verleger Kippenberg: *[…] diesmal
habe ich die Freude, Ihnen das abgeschlossene Manuskript des neuen
Gedichtbandes anzukündigen. […] Alles ist, was nun kommt, Ihnen über-*

lassen, die äußere Form und Ausgestaltung und Einrichtung des Buches, ja sogar [...] der Titel.[150] Wenn Autor und Verleger sich dann endlich auf *Neue Gedichte* einigen, so ist das *Neue* Teil des Programms, das Rilke mit diesem Band – wie auch mit dem ein Jahr später nachfolgenden zweiten Teil – zu verwirklichen sucht: *Und das sind sie ja auch, vielleicht in mehr als einem Sinn: neue Gedichte: nicht?*[151]

Neu ist zunächst einmal die Betrachtungsweise der ‹Dinge›, die Rilke zum Gegenstand der Gedichte macht: Das Ich tritt völlig zurück; ganz anders als im *Stunden-Buch* und in den meisten Texten des *Buchs der Bilder* wird kein Mitfühlen, kein Urteilen und Werten des beobachtenden Ich mitgeteilt; es begegnen weder *Gebete* noch reine Impressionen; ohne subjektive Anteilnahme wird das Geschaute rein ‹sachlich› wiedergegeben, was allerdings keinen Rückfall in einen reinen Realismus bedeutet. Schon der Vergleich, der mehr und mehr in das Zentrum des dichterischen Sagens tritt, verrät: Das ‹Ding›, losgelöst aus seinem Alltagszusammenhang, kann neue Beziehungen eingehen. In dem Gedicht *Die Gazelle* wird in der zweiten Strophe eine Verbindung zum «Hohelied» des Alten Testaments hergestellt. Solche dichterischen Konstruktionen stellen – anders als reine Benennungen – nicht fest, sondern geben dem Leser Raum für Deutungen. «Die Dinge geben sich nicht direkt und von sich aus als das, was sie sind [...], sondern in jedem Gedicht ist die Subjektivität als schöpferisches Vermögen am Werk [...], worin sich exemplarisch die Anstrengung manifestiert, die in der Moderne erforderlich ist, um an die Wirklichkeit heranzukommen.»[152]

Aus dieser Grundeinstellung der *Neuen Gedichte* folgt nun auch, dass das Gedichtbuch sich nicht mehr als fester zyklischer Zusammenhang präsentiert, sondern als eine mehr oder weniger lose Folge von Bildern der Welt, wobei Rilke programmatisch das nur Gefällige zu meiden sucht und sich gerade auch dem Unscheinbaren und Hässlichen zuwenden will. *[...] ich muß mich aller Dinge bemächtigen, aller ohne Ausnahme, auch derjenigen, die mir nicht von vornherein nahe stehn.*[153] Bei aller Verehrung für Charles Baudelaire und insbesondere für dessen Gedicht «Ein Aas» – *Ich mußte daran denken, daß ohne dieses Gedicht die ganze Entwicklung zum sachlichen Sagen, die wir jetzt in Cézanne zu erkennen glauben, nicht*

hätte anheben können; erst mußte es da sein in seiner Unerbittlichkeit.
Erst mußte das künstlerische Anschauen sich so weit überwunden haben,
auch im Schrecklichen und scheinbar nur Widerwärtigen das Seiende zu
sehen[154] *–, das Schreckliche* und *Widerwärtige* kommt in den *Neuen*
Gedichten nur am Rande vor. Im Zentrum stehen Kunstobjekte,
die im Schauen des Dichters in eine neue ästhetische Beziehungs-
ebene eingestellt werden; beide Teile der *Neuen Gedichte* werden
eröffnet mit Bildwerken der Antike, und zwar fragmentarisch
überlieferten, die zur imaginären Ergänzung des Betrachtenden
einladen. *Archaischer Torso Apollos* ist das einleitende Gedicht des
zweiten, *anderen Teils* überschrieben. Hier wird der Appell an den
Leser, der in jedem anderen der *Neuen Gedichte* schon immer mit-
gedacht ist, unmittelbar ausgesprochen:

> *[…] denn da ist keine Stelle,*
> *die dich nicht sieht. Du mußt dein Leben ändern.*

Hugo von Hofmannsthal, der von dem Gedicht außerordentlich
angetan war – «das ich fast wagen würde, das allervollendetste
dieser Bilder zu nennen» –, hat sich an dieser Schlusswendung
sehr gestoßen: «Nur die letzte Zeile ist hier leider nicht völlig gelungen.» Nach seinem Urteil «zerbricht» die notwendige «Ge-
dankenpause» den Vers.[155] Zu sehr noch einem überkommenen
Harmonieideal verhaftet, sieht Hofmannsthal nicht, dass Rilke
diesen Bruch absichtlich setzt: Das Bruchstückhafte des Torsos,
das der Betrachter im Imaginären ergänzt, wird als Aufforderung
zur Veränderung dem Leser zugespielt: Ist nicht sein Leben ebenso
bruchstückhaft, der Ergänzung, der Änderung bedürftig? Die ästhetische Form, die den Bruch selber darstellt, schlägt um in einen
ethischen Appell; an kaum einer anderen Stelle seines mittleren
Werks hat sich Rilke so weit in die Moderne vorgewagt.

Die starke Affinität Rilkes zur Kunst, die schon früh in die
Entwicklung des Dichters eingreift, durch Lous Begeisterung für
die italienische Renaissance und für russische Ikonenmalerei
bestärkt wird und schließlich durch die Begegnungen in Worpswede, vor allem durch die künstlerische Tätigkeit Claras und auch
Paula Modersohn-Beckers, einen weiteren Auftrieb erfahren hat,
kommt in den Pariser Jahren zur vollen Geltung: Es ist nicht allein

das ‹Erlebnis Rodin›, das die dichterische Welt Rilkes so sehr verändert; auch die vielen Kontakte zu anderen Künstlern und Kunstliebhabern, die er in Paris anknüpft, schlagen sich in Thematik und dichterischer Gestalt der hier entstehenden Werke nieder.

Ein Ereignis des Herbstes 1907, das den Dichter für mehr als zwei Wochen vollauf in Anspruch nimmt, ist in diesem Zusammenhang von herausragender Bedeutung: die Gedächtnis-Ausstellung für Paul Cézanne im Salon d'Automne. Vom 6. bis zum 22. Oktober ist Rilke fast täglich in der Ausstellung, und seine langen Berichte, die er nach jedem Besuch an Clara schickt, zeugen von der großen Faszination, die für ihn von den Bildern Cézannes ausgeht. Was Rilke so sehr beschäftigt, ist allerdings weniger die Malerei selbst als vielmehr die Spiegelung seines eigenen Künstlertums in ihr; das veränderte Selbstverständnis als Dichter, dessen er sich durch die Betrachtung der Bilder erst richtig bewusst wird: *Es ist gar nicht*

Stillleben mit Obstschale. Gemälde von Paul Cézanne, 1879. Privatbesitz

die Malerei, die ich studiere [...]. Es ist die Wendung in dieser Malerei, die ich erkannte, weil ich sie selbst eben in meiner Arbeit erreicht hatte [...].[156] Seine früheren Dichtungen bis hin zum *Stunden-Buch* seien noch geprägt gewesen durch die *Stimmungsmalerei*, und er erklärt: *[...] damals war mir die Natur noch ein allgemeiner Anlaß [...], ich saß noch nicht vor ihr; ich ließ mich hinreißen von der Seele, welche von ihr ausging. [...] es ist ja natürlich, daß man jedes dieser Dinge liebt, wenn man es macht: z e i g t man das aber, so macht man es weniger gut; man b e u r t e i l t es, statt es zu s a g e n. Man hört auf, unparteiisch zu sein; und das Beste, die Liebe, bleibt außerhalb der Arbeit, geht nicht in sie ein.* Bei Cézanne sieht er, wie eine solche *Stimmungsmalerei* überwunden werden kann: Die Liebe zu den Dingen ist nicht Thema, sondern Grundlage seiner Arbeit; statt zu malen, *ich liebe dieses hier*, malt er, *hier ist es.* Er *wußte seine Liebe zu jedem Apfel zu verbeißen und in dem gemalten Apfel unterzubringen für immer.* Die Liebe ist also nicht verschwunden, sondern *aufgebraucht in der Aktion des Machens. Dieses Aufbrauchen der Liebe in anonymer Arbeit, woraus so reine Dinge entstehen, ist vielleicht noch keinem so völlig gelungen wie [Cézanne].*[157]

Das beschreibt genau Rilkes Dichtungsauffassung in den *Neuen Gedichten*; die Einsichten, die ihm schon angesichts der Rodin'schen Skulpturen und Graphik gekommen waren, werden in der Betrachtung der Bilder Cézannes weiterentwickelt und korrigiert; eine Bewusstwerdung des Prozesses des Machens setzt ein, die nicht ohne Auswirkung auf die weitere dichterische Produktion bleibt. In den Gedichten, die er nach der Ausstellung noch für *Der Neuen Gedichte anderer Teil* schreibt, ist der Fortschritt an der noch konsequenteren Anwendung des Prinzips des *sachlichen Sagens* abzulesen, wie es in dem berühmten Gedicht *Die Flamingos* realisiert ist.

Der Band *Der Neuen Gedichte anderer Teil* erscheint Anfang November 1908. Er ist gewidmet *Meinem großen Freund Auguste Rodin*: Der Bildhauer und der Dichter hatten sich im Herbst 1907 wieder versöhnt; beglückt hatte Rilke sofort geantwortet, als ihn Rodin nach der Zuverlässigkeit einer Buchhandlung in Wien fragte, in der Zeichnungen von ihm ausgestellt werden sollten. Der Brief erreicht den Dichter, als er gerade im Aufbruch zu einer Vortragsreise nach Breslau, Prag und Wien ist.

Wie immer nutzt Rilke auch diese Reise, um alte Verbindungen zu pflegen und neue anzuknüpfen. In Prag besucht er Anfang November 1907 auf Schloss Janowitz die Familie Nádherný von Borutin, die er 1906 in Paris bei Rodin kennengelernt hatte. *Die Baronin, die verwitwet ist, blieb […] zurückgezogen; die schöne Baronesse (die wie eine Miniatur aussieht, welche ein Jahr vor der großen Revolution gemacht worden ist, im letzten Augenblick) kam mir mit ihren beiden sehr sympathischen jungen Brüdern auf der Schloßbrücke entgegen; wir gingen durch den Park; als es schon dämmerte, durch das merkwürdige Schloß (mit einem unvergeßlichen Speisesaal), während zwei Diener mit schweren Silberarmleuchtern in die tiefen Gemächer wie in Höfe hineinleuchteten.*[158] Mit Sidonie, der *Baronesse*, verbindet Rilke bald eine herzliche Freundschaft; sie ist eine der engen Vertrauten, mit denen er bis in sein Todesjahr einen intensiven Briefwechsel pflegt.

In Wien ist unter den Zuhörern seiner Lesung, die ihm Stefan Zweig vermittelt hatte, auch Hugo von Hofmannsthal. Rilke besucht ihn zwei Tage später in seinem schönen Haus in Rodaun. Die letzten Novembertage ist er in Venedig, wo er in der Pension der Schwestern Romanelli wohnt. Wie schon früher ist er von der Lagunenstadt tief beeindruckt; die dort aufgenommenen Eindrücke gehen in Verse ein, die er noch in den zweiten Teil der *Neuen Gedichte* einfügt. Für gut zwei Monate kehrt Rilke noch einmal nach Oberneuland zu Clara und seiner Tochter Ruth zurück, bevor er am 18. Februar 1908 einer zweiten Einladung von Alice Faehndrich nach Capri folgt.

Anfang Mai ist er dann wieder in Paris. Nach kurzer Zwischenstation in der Rue Campagne-Première kann er das Atelier Claras im Palais Hôtel Biron übernehmen. Von den prächtigen Räumen, wo in unmittelbarer Nachbarschaft so berühmte Künstler wie Rodin, Jean Cocteau, Henri Matisse, Isadora Duncan und Ivo Hauptmann ihre Arbeitsstätte haben (und die später dann das Musée Rodin aufnehmen werden), war Rilke sofort begeistert: Er findet dort genau das Ambiente, das er zu seiner schöpferischen Arbeit benötigt. Aber auch sein gesundheitliches Befinden hat sich zum Positiven verändert; nach dem Aufenthalt im heilsamen Klima Capris fühlt er sich gestärkt und zum Schreiben motiviert. Und nicht zuletzt ist es die neugewonnene materielle Sicherheit, die dazu beiträgt, dass er mit neuem Lebensmut an die begonnenen Arbeitsprojekte geht: Nach zähen Verhandlungen mit dem Insel-Verlag hat ihm Kippenberg nun endlich regelmäßige vierteljährliche Einkünfte zugesichert.

Als Erstes macht er den Band *Der Neuen Gedichte anderer Teil* druckfertig, indem er einzelne Gedichte bearbeitet, einige der bedeutendsten – so *Archaischer Torso Apollos* – hinzufügt und sie neu zusammenstellt. Bevor dann sein großes Romanprojekt all seine Aufmerksamkeit auf sich zieht, schieben sich die beiden *Requien – Für eine Freundin* und *Für Wolf Graf von Kalckreuth* – dazwischen, die er sogleich Kippenberg für eine gesonderte Buchpublikation zuschickt. Im Jahre 1909 stehen die *Aufzeichnungen des Malte Laurids Brigge* dann ganz im Mittelpunkt seiner Arbeit, wenn auch die Fertigstellung nicht so zügig voranschreitet, wie er zunächst erhofft hatte: Neue fieberhafte Schwächeanfälle beeinträchtigen den Fortschritt seines Vorhabens. Er diagnostiziert selbst *eine komplizierte Wechselwirkung körperlicher und seelischer Depressionen*, deren *Anlaß* er nur selbst kenne: *[...] wie weiland Herr von Münchhausen muß ich mich am eigenen Zopfe aus dem Sumpfe ziehen [...]*.[159]

Möglicherweise ist es die Kritik an seinem neuen Schreiben, die ihn völlig aus dem Konzept bringt: Im Mai 1909 kommt es zum neuerlichen Kontakt mit Lou, die ihn überraschend mit Ellen Key in Paris besucht. Rilke ist voller Freude und übergibt ihr nicht ohne Stolz die beiden Teile der *Neuen Gedichte*. Doch die Freundin ist alles andere als begeistert; einen Monat später gesteht sie ihm in einem Brief aus Göttingen, dass sie ihn in den neuen Büchern kaum wiederfände: «Von den ‹Neuen Gedichten 1 und 2› geht nicht dieselbe Suggestion auf mich aus wie vom ‹Buch der Lieder II› [der Neuausgabe des *Buchs der Bilder*] und dem ‹Requiem›.»[160] Das Urteil aus dem Munde des Menschen, an dem ihm so viel liegt, muss ihn schwer getroffen haben.

Und Lou steht mit ihrer Meinung über die *Neuen Gedichte* nicht allein; Jakob von Uexküll, der Schwiegersohn der Gräfin Schwerin und späterer Hamburger Umweltwissenschaftler, denkt ebenso. Ihm gegenüber sucht sich Rilke zu verteidigen; in seinem Brief vom 19. August 1909 erläutert er seine *Entschlossenheit, [...] die Kunst nicht für eine A u s w a h l aus der Welt zu halten, sondern für deren restlose Verwandlung ins Herrliche hinein. [...] Es kann im Schrecklichen nichts so Absagendes und Verneinendes geben, daß nicht die multiple Aktion künstlerischer Bewältigung es mit einem großen, positiven Überschuß zurückließe, als ein Dasein-Aussagendes, Sein-Wollendes: als einen Engel.* [161] Damit ist der *Engel* der *Duineser Elegien* geboren; lange schon vor Rilkes Aufenthalt in Duino 1911 / 12 und der dortigen Niederschrift der ersten dieser für ihn so bedeuten-den Gedichte, die sein künftiges Leben mehr als ein Jahrzehnt be-stimmen werden.

Neue Kräfte für seine Gesundheit verspricht sich Rilke von einem Kuraufenthalt im Schwarzwald. Am 1. September 1909 reist er über Straßburg nach Bad Rippoldsau, bricht die Kur aber nach siebzehn Tagen ab und hofft auf eine bessere Wirkung von Herbstwochen in der Provence. Auf der Durchreise bewundert er in Colmar den Isenheimer Altar: *Nun hab ich wirklich alle heutige Zeit bis zur letzten in dem Unterlinden-Museum vor den Grünewald-schen Bildern verbracht [...].* [162] Ab 8. Oktober ist er wieder in Paris. Etwas später meldet er seinem Verleger: *Endlich [...] bin ich wieder, seit einer Weile, aufs offene Feuer gestellt: ich siede vor Arbeit [...].* [163]

Ende des Jahres kann er den *Malte*-Roman endlich abschlie-ßen. Allerdings ist die Niederschrift in einem desolaten Zustand: Verteilt auf mehrere *alte Taschenbücher*, oftmals kaum zu entzif-fern, kann sie nicht als Druckvorlage dienen. Er bittet Kippen-berg, den Text einem *genauen Abschreiber* diktieren zu dürfen. [164] Der Verleger lädt ihn in den Januartagen zu sich nach Leipzig ein und stellt ihm während dieser Zeit eine Sekretärin zur Verfügung. In der zweiten Januarhälfte 1910 und noch einmal vom 21. Fe-bruar bis zum 7. März bewohnt Rilke das Turmzimmer des Hauses Kippenberg in Leipzig, um seinen *Malte* für die Drucklegung vor-zubereiten. Schon am 31. Mai 1910 erscheinen *Die Aufzeichnungen des Malte Laurids Brigge* in zwei kleinen Bändchen im Insel-Verlag.

Der Roman ist nicht nur das bedeutendste Prosawerk Rainer Maria Rilkes, sondern zugleich die Dichtung, mit der er in die vor-derste Reihe der modernen deutschen Autoren aufrückt und sei-nen Weltruhm begründet. Dabei ist der Text alles andere als leicht zugänglich: Sowohl mit der Thematik als auch insbesondere in der gewählten Form betritt der Dichter Neuland. Radikal bricht

Anton und
Katharina
Kippenberg
in Leipzig,
um 1906

er mit der überkommenen Romantradition: Es gibt keine kontinu-
ierliche Handlung, keine durchgehende chronologische Reihung
der verschiedenen Abschnitte. Aufzeichnungen des Icherzäh-
lers über aktuelle Erfahrungen und Erlebnisse, Wiedergabe von
Gelesenem, Gehörtem und in Archiven aufgefundenen Dokumenten wechseln ab mit Briefentwürfen, Reflexionen und Rand-
bemerkungen. Dass man in seiner Zeit nicht mehr traditionell
erzählen kann, vermerkt Malte in einer eigenen Notiz: *Dass man
erzählte, wirklich erzählte, das muß vor meiner Zeit gewesen sein. Ich
habe nie jemanden erzählen hören. Damals, als Abelone mir von Ma-
mas Jugend sprach, zeigte es sich, daß sie nicht erzählen könne. Der alte*

Graf Brahe soll es noch gekonnt haben. Ich will aufschreiben, was sie da-
von wußte.[165]

Was Malte aufzeichnet, ist oftmals eng mit eigenen Erfahrungen Rilkes verbunden: Die deprimierenden Eindrücke aus der
Weltstadt Paris, von denen Malte in den ersten Kapiteln berichtet,
begegnen fast wörtlich in
Briefen, die Rilke 1902 und
1903 an Clara, an Lou und andere schreibt. Selbst Datum
und Adresse am Eingang des
Romans stimmen genau mit
den Daten des gerade in Paris
angekommenen   Dichters
überein. Und dennoch ist
der Erzähler nicht mit dem

> 11. September, rue Toullier.
> So, also hierher kommen die Leute,
> um zu leben, ich würde eher meinen,
> es stürbe sich hier. Ich bin ausge-
> wesen. Ich habe gesehen: Hospitäler.
> Ich habe einen Menschen gesehen,
> welcher schwankte und umsank.
> Die Leute versammelten sich um ihn,
> das ersparte mir den Rest.
> «Die Aufzeichnungen des Malte Laurids
> Brigge», Romananfang. SW VI, 709

Dichter gleichzusetzen; gegen diesen Irrtum wehrt sich Rilke ve-
hement und betont mehrfach, dass Malte *eine durchaus erfundene*
Gestalt sei[166]; *Malte Laurids hat sich [...] zu einer Gestalt entwickelt,*
die, ganz von mir abgelöst, Existenz und Eigenart gewann, die mich, je
mehr sie sich von mir unterschied, desto stärker interessierte [...].[167]

Als entscheidender Grundzug kann das Bruchstückhafte der
Aufzeichnungen des Malte Laurids Brigge angesehen werden; Rilke
selbst nennt im Brief an seinen polnischen Übersetzer Witolt Hulewicz die einzelnen *Episoden* des Romans *fragmentarisch*; sie hätten die Aufgabe, *sich innerhalb des Malte mosaikhaft zu ergänzen*[168].
Diese Konzeption der Aufzeichnungen hat eine doppelte Ausrichtung. Zum einen wird dem Verlust eines geschlossenen Weltbildes Rechnung getragen, wird die Verunsicherung durch eine
unüberschaubare Wirklichkeit zum Ausdruck gebracht. Im Hin-
blick auf seinen *Malte* sagt Rilke: *Was in Malte Laurids Brigge [...]*
ausgesprochen, nein, gelitten steht – das ist ja eigentlich nur [...] d i e s :
Wie ist es möglich zu leben, wenn doch die Elemente dieses Lebens uns
völlig unfaßlich sind? Wenn wir immerfort im Lieben unzulänglich, im
Entschließen unsicher und dem Tode gegenüber unfähig sind, wie ist es
möglich, da zu sein?[169]

Die Suche nach dem *Wirklichen* führt Malte in seinen Aufzeichnungen unmittelbar vor. Indem er sich aufmacht, seine

Kindheit in der Erinnerung noch einmal zu ‹leisten›, vollzieht er gleichsam den künstlerischen Prozess des Formens. Malte wird zum ‹Leistenden›, zum ‹Schaffenden›, der sich erst im Nebeneinander der Aufzeichnungen *mosaikartig* zusammensetzt. Die Frage nach der möglichen Zusammensetzung des Lebens geht – und das ist nun die zweite Ausrichtung der Konzeption – als Aufgabe an den Leser über. Rilke vergleicht das Rezipieren des Kunstwerks mit der Zeugung: Beide *sind eine Leistung, eine Arbeit und jedesmal ganz neu und ganz zu beginnen*: Das Kunstwerk muss *jedesmal in den vom Künstler gesetzten Bedingungen neu hervorgerufen und erfüllt werden [...]*.[170]

Der *Malte* fand beim Erscheinen ein durchaus geteiltes Echo; die Modernität des Romans konnte sich in ihrer Bedeutung erst allmählich durchsetzen. Selbst die Freundin Ellen Key zeigte Befremden; sie *hat mich natürlich umgehend mit dem «Malte» verwechselt und aufgegeben*[171]. Doch Rezensenten wie Berthold Viertel sahen schon frühzeitig die außerordentliche Kraft der lyrischen Sprache im Roman; sie überwinde den «Flugsand der toten Worte und der gestorbenen Sätze», der alle «Regungen des Gefühls» ersticke und «die zarten Quellen der Einbildungskraft» austrockne.[172] Alfred Walter von Heymel jubelt: «Mein Gott ist das Buch schön! Ich bin ganz besessen von ihm»[173]; für ihn wurde das Werk zum Kultbuch, wie noch nach achtzig Jahren für Bernard Lortholary, der 1993 feststellte: Es ist «ein schwieriges Buch, und man versteht heute, daß dieser erste Roman der Moderne zugleich einer der schönsten ist»[174].

« Ausgesetzt
auf den Bergen des Herzens ».
Jahre der Krise 1910 – 1919

Wenn mich nicht alles täuscht, ist ein neues Buch da, fertig, abgelöst von mir, eingerichtet in seiner eigenen Wirklichkeit[175], meldet Rilke am 27. Januar 1910 der Fürstin Marie von Thurn und Taxis, eine halbe Stunde nachdem er das letzte Wort des *Malte* in die Maschine diktiert hat. Mitte Dezember des vorhergehenden Jahres hatte die wohlhabende, als Liebhaberin der Kunst weithin bekannte Fürstin – vermittelt durch Rilkes Freund Rudolf Kassner – den Kontakt zu dem Dichter gesucht; in ihr gewann Rilke eine mütterliche Freundin und überaus großzügige Mäzenin, die ihm in den Jahren der Krise, in die er nach der Fertigstellung des Romans fiel, immer wieder hilfreich ihre Hand bot.

Das neue Jahr hatte durchaus vielversprechend begonnen. Rilke hatte die Gastfreundschaft im Hause Kippenberg genossen, hatte bei einer Lesung in Jena und auf einem späteren Besuch in Weimar neue Freundschaften geschlossen, aber schon im Februar 1910, während des Aufenthalts in Berlin, *in dieser heftigen, aggressiven Stadt, mit der ich nicht umzugehen verstehe,* verdüsterte sich seine Stimmung. Das Wiedersehen mit Clara und Ruth stand unter einem ungünstigen Stern; und die vielen Menschen dort, *wo sie einem in Bündeln begegnen, wo einer zum andern hintreibt und wieder von ihm fort ohne Ruhepunkt und Halt in dem überall unbestimmten Raum dieser sich rapide bildenden Neuwelt,* machten ihn unsicher.[176] Dennoch schreibt er am 25. März an Anton Kippenberg: *[…] diese Aufzeichnungen [des Malte Laurids Brigge] sind etwas wie eine Unterlage, alles reicht weiter hinauf, hat mehr Raum um sich, sowie man sich auf diesen neuen höheren Grund verlassen kann. […] nach ihm sind nun nahezu alle Lieder möglich.*[177]

Aber die neuen *Lieder* bleiben aus; das Schaffen stockt. Er flüchtet Mitte März nach Rom, hofft dort auf *Alleinsein und Sonne*[178]. Doch mehr als das Lesen der letzten Korrekturen zum *Malte* gelingt ihm in den dreißig Tagen seines Aufenthalts nicht. *Ich glaube, ich kann nur noch in Paris sein [...] oder aber ganz entfernte Städte sehen und Länder und Ausdehnungen.*[179] Eine innere Unruhe packt ihn, die ihn von Ort zu Ort treibt.

Eine Woche zu Gast bei der Fürstin von Taxis auf ihrem Felsenschloss Duino bei Triest hellt seine Stimmung etwas auf; *hoffentlich haben Sie gefühlt, wie Sie mich langsam wieder brauchbarer gemacht haben; zuletzt war ich wach und froh und bei der Sache*[180]. Anschließend vierzehn Tage in Venedig, um dort Vorstudien für eine geplante Monographie über einen venezianischen Admiral des 14. Jahrhunderts zu treiben. Schließlich trifft er am 12. Mai 1910 wieder in Paris ein – um zwei Monate später *in Ungeduld*[181] wieder aufzubrechen. Zunächst besucht er Frau und Tochter in Oberneuland, ist dann eine Woche auf Schloss Lautschin in Böhmen, dem Stammsitz des Fürsten von Thurn und Taxis, wechselt dann zum Schloss Janowitz, wohin ihn die Geschwister Nádherný eingeladen haben. *Lautschin war eine rechte Wasserscheide, nun fließt alles anders ab, [...] es nimmt mich ganz in Anspruch, daß auf einmal Quellen da sind, die das neue Gefälle ausnutzen und sich weitertreiben.*[182]

Das Bild der Wasserscheide interpretiert Rilke freilich aus der Rückschau genau entgegengesetzt. An Lou schreibt er am 28. Dezember 1911: *Je weiter ich [den «Malte»] zuende schrieb, desto stärker fühlte ich, daß es ein unbeschreiblicher Abschnitt sein würde, eine hohe Wasserscheide, wie ich mir immer sagte; aber nun erweist es sich, daß alles Gewässer nach der alten Seite abgeflossen ist und ich in eine Dürre hintergeh, die nicht anders wird.*[183] Schon Anfang November 1910, nun

Fürstin Marie
von Thurn und Taxis

wieder in Paris, hatte er Marie Taxis bekannt, *daß eine Art Krisis sich in mir zusammenzog, ja nun ist sie da, [...] nun treibt es mich [...] aus ins Weite, und ich seh wohl ich muß mich treiben lassen*[184].

Am 19. November 1910 schifft er sich in Marseille auf einem Dampfer nach Algerien ein. Wenige Wochen zuvor hatte er Jenny Oltersdorf, die «reiche, aber vernachlässigte Frau» eines Münchner Pelzhändlers[185], kennengelernt; der Beginn der Liaison war, wie mehrfach im Leben des Dichters, leidenschaftlich: *[...] was für jetzt noch ganz und gar in Flammen stehende Briefe!*, bemerkt Rilke, als er fünfzehn Jahre später die Korrespondenz mit *jener räthselhaften Freundin*[186], die ihn zu dem Abenteuer in Nordafrika überredete, noch einmal durchliest.

Algier bleibt für ihn als *französische Stadt* von wenig Belang in Erinnerung.[187] Größere Begeisterung entfacht ein längerer Ausflug zum *gewaltigen Eingang in die Wüste [...], [zum] Gebirgs-Thor von El-Kantara und nach Biskra.*[188] *Wäre mir damals nicht ein sehr bestimmter Plan [...] auferlegt gewesen, ich wäre schon an unserer zweiten Station, in Biskra, ein halbes Leben geblieben, statt nach drei Wochen weiterzureisen [...]. Der Orient ist eine Welt für sich [...]. Bei mir war dieses Verlangen um so begreiflicher, als ich das Arabische sehr liebte und mich seinen Äußerungen so nahe fühlte, daß ich, seltsam leicht und fähig, die Sprache zu treiben begann.*[189] Tiefen Eindruck hinterlassen die Souks in Tunis und vor allem *die ‹heilige Stadt› Kairouan*[190]. Nicht zuletzt durch das einprägsame Bild dieser *weißen Stadt* erhält Rilke später Zugang zur Malerei Paul Klees.

Anfang Januar 1911 kommt Rilke in Ägypten an, seinem Sehnsuchtsziel. Als Clara Anfang 1907 an den Nil reiste, um dort eine bildhauerische Arbeit auszuführen, schrieb er ihr: *Du wirst [die Wüste] sehen. Wirst das Haupt der großen Sphinx sehen, das sich mühsam emporhält aus ihrem beständigen Anschwellen, dieses Haupt und dieses Gesicht, das die Menschen begonnen haben in seiner Form und Größe, dessen Ausdruck aber und Schauen und Wissen unsäglich langsam vollendet ward und so ganz anders als unser Angesicht.*[191] Nun hat Rilke Gelegenheit, genau diese Bilder und Visionen im Land ihres Ursprungs selbst zu schauen, sie in seine eigene Welt der dichterischen Mythen einzubringen: *Dieses Antlitz [der Sphinx] hatte die Gewohnheiten des Weltraums angenommen, einzelne Teile seines Schauens*

Die Sphinx

und Lächelns waren zerstört, aber die Auf- und Untergänge der Himmel hatten ihm überstehende Gefühle eingespiegelt.[192]

Die Fülle der aufgenommenen Bilder und der neuen Erfahrungen wird ihm schon fast zu viel. Als sich dann noch seine *Reisebegleitung* als herbe Enttäuschung entpuppt und man sich nach drei Monaten in Kairo trennt, schreibt er am 28. Februar 1911 an Anton Kippenberg selbstkritisch: *[…] schon versteh ich den damaligen Menschen nicht mehr, der um jeden Preis hinausdrängte, selig, dreimal selig ist mir der, um dessen innere Welt eine stille Täglichkeit steht, ohne Überraschungen, ohne diese Übertreibung im Äußeren, die viel zu viel ist für uns […], ich will mit alledem nicht undankbar sein gegen diese Reise, die, trotz aller Trübe und alles Mißgeschicks, ein unbeschreiblicher Zuwachs für mich sein wird und eine neue Verpflichtung […].*[193] Dieser *Zuwachs* wird allerdings in den Dichtungen zunächst nicht unmittelbar greifbar. Erst sehr viel später zeigen sich die Dimensionen des Erlebten: zunächst in den eindringlichen Schilderungen in Briefen, die er oftmals erst Jahre nach dem Reiseabenteuer schreibt, dann in den großartigen Gedichten, die zu Beginn der zwanziger Jahre entstehen.

Anfang April 1911 ist Rilke wieder in Paris. Der erwartete Schub neuer Produktivität zeigt sich allerdings auch hier nicht. *Was mich angeht, so hab ich noch immer nicht die Wende geleistet, die mein Leben machen muß, um aufs neue ergiebig oder gar gut zu sein,* schreibt er an Rudolf Kassner und fügt hinzu: *Ich halte mir das Herz mit Übersetzen oben [...].*[194] Man wird dem Dichter allerdings kaum gerecht, wollte man das Übersetzen allein als Verlegenheitslösung betrachten. Die Übertragungen Rilkes aus dem Französischen und auch aus dem Italienischen erweisen sich als hochrangige Dichtungen, die, gerade weil sie sich oftmals vom Original beträchtlich entfernen, als Teil des eigenen Werks angesehen werden können. So hat die Erzählung *Die Rückkehr des verlorenen Sohnes* von André Gide, mit dem ihn seit diesen Pariser Wochen eine herzliche Freundschaft verbindet, erst in der Übertragung Rilkes (erschienen in Leipzig 1914) im deutschen Sprachbereich ihre verdiente Beachtung gefunden.

Rilkes Interesse an der Übersetzung der Gide'schen Erzählung hängt eng mit den *Aufzeichnungen des Malte Laurids Brigge* zusammen, in denen die biblische Parabel als pointierender Abschluss des Romans eine herausgehobene Stellung findet. Noch ein anderes Thema verknüpft den *Malte* eng mit seiner Übersetzungstätigkeit: das Thema der *großen Liebenden*. Im *Malte* lesen wir: SCHLECHT *leben die Geliebten und in Gefahr. Ach, daß sie sich überstünden und Liebende würden,* und von Abelone heißt es dort: *[...] sie sehnte sich, ihrer Liebe alles Transitive zu nehmen [...].*[195] In einem 1907 entstandenen kleinen Aufsatz führt Rilke näher aus, was ihn an dieser Thematik so sehr berührt: ALS *die großen Liebenden [...], über die Abkehr [...] ihrer Liebhaber in Klagen ausbrachen, wußten sie nicht, wie sehr ihr elementisches Gefühl schon über jeden Gegenstand hinausgewachsen war. [...] Wäre es möglich gewesen, diese Liebe [...] zu den Dingen zu führen, so wären [...] Gedichte entstanden [...]; denn es ist nur ein Schritt von der Hingabe der Liebenden zum Hingegebensein des lyrischen Dichters.*[196] Die Briefe dieser verlassenen Geliebten, die Klagen: Rilke sieht sie als Zeugnisse einer *absoluten, vollendeten Liebe,* die weit über den realen Geliebten hinausgeht. Diese Liebe ist die des Dichters, die – wie er an der Malerei Cézannes gelernt hatte, welcher *seine Liebe zu jedem Apfel zu verbeißen [wußte],* um sie *in dem gemalten Apfel unterzubringen für immer* – nicht verschwendet wird am Objekt, sondern genutzt wird für das eigene Tun, für die *Aktion des Machens*.[197] Beispiele einer solchen ‹intransitiven› Liebe sah Rilke in den *Sonetten nach dem Portugiesischen*, die er bereits 1907 auf Capri ins Deutsche übertragen hatte; in diesen Pariser Monaten 1911 beginnt er *Die Vierundzwanzig Sonette der Louïze Labé* zu übersetzen (erschienen in Leipzig 1918), denen schließlich zwei Jahre später die *Portugiesischen Briefe* der Nonne Marianna Alcoforado folgen.

Zeit seines Lebens geht Rilke wiederholt Liebesbeziehungen ein, von denen er sich bald zurückzieht, da sie seiner speziellen Vorstellung von Liebe nicht entsprechen. Der Ende Juni 1911 beginnenden Beziehung zu Marthe Hennebert, der siebzehnjährigen französischen Arbeiterin, der er in Paris begegnet, ergeht es nicht anders. Anfangs fühlt er sich hingerissen von ihrer ganzen Erscheinung, ihrer Natürlichkeit, meint künstlerische Begabungen in ihr zu entdecken. Sie verehrt ihn, liebt ihn, doch er geht bald wieder auf Distanz, nicht ohne sie in die Obhut einer Bekannten zu geben. Die Beziehung bricht allerdings nie ganz ab; weiterhin versucht er, ihr materiell zu helfen und sie zu fördern; noch im September 1919 trifft er sie in der Schweiz und schreibt über sie: *Marthe, ich siebzehnjährig im letzten Elend gefunden, war mein Schützling, eine Arbeiterin, aber von jener unmittelbaren Genialität des Herzens und des Geistes, wie sie doch wohl nur bei französischen Mädchen zu finden ist. Welches Staunen, welches unbeschreiblich volle, ja überfüllte Glück hat sie mir in gewissen Jahren durch ihr waches, mich selbst überholendes Verstehen des Größten und Vollkommensten bereitet –, ich weiß nicht, ob ein Mensch mir je ähnlich vorgestellt hat, wozu ein Gemüt sich unmittelbar entfalten kann, wenn man ihm ein bißchen Lebensraum, ein bißchen Stille, ein klein wenig gutes Klima schafft.*[198]

Als die Beziehung zu Marthe zu eng zu werden droht, kommt ihm die Einladung der Fürstin Taxis, im Juli und August 1911 einige Wochen Urlaub auf ihrem Schloss Lautschin zu verbringen, sehr gelegen, und er sagt sogleich zu. *In Lautschin ist man fast den ganzen Tag draußen, der Park ist schattig, die Wälder gehören zu den schönsten, die ich kenne, und für die heißesten Stunden giebt es im Schloß kühle Zuflüchte, die zum Überfluß voller Bücher stecken, so daß mir in dieser Gastfreundschaft alles erdenklich Gute zusammenkommt.*[199]

Auch die Rückfahrt nach Leipzig im Auto der Fürstin begeistert ihn: *[…] ich genoß es ungemein, auf den natürlichen Straßen von Ort zu Ort sich zu steigern, man begreift die Landschaft […].* [200] In Weimar, wo er – zunächst noch in Begleitung der Fürstin – am 21. August 1911 ankommt, beginnt er sich für Leben und Werk Goethes – und für dessen ‹Geliebte› zu interessieren: *Goethe […] hatte bei mir keinen Altar, aber über die Briefe an Gustchen Stolberg gewann ich […] Neigung und Lust […] zu ihm.* [201] Diese Begeisterung, die sich in den nachfolgenden zwei Wochen, in denen er bei den Kippenbergs in Leipzig zu Gast ist, noch nachhaltig verstärken sollte, bereitet eine Wende vor, die sich sowohl in seiner Stimmung wie auch in seinem Dichtungsverständnis in den nächsten Monaten vollzieht.

Aber auch in finanzieller Hinsicht wendet sich die Lage des Dichters in den Jahren vor dem Ausbruch des Ersten Weltkriegs. Rilkes Beziehung zu seiner Frau, mit der er sich bei einem anschließenden Aufenthalt in München trifft, scheint sich zu entspannen. Eine Erbschaft, die ihm nach dem Tod einer Cousine zufällt, erlaubt ihm, für Clara und Ruth in der bayerischen Hauptstadt eine Wohnung einzurichten und für den Unterhalt beider zu sorgen. Die eigene Situation verbessert sich durch die Mitteilung seines Verlegers vom 2. Oktober 1911, dass er statt der bisherigen vierteljährlichen Zahlung nun jeden Monat mit 500 Mark rechnen dürfe. Anton Kippenberg verschweigt ihm freilich, dass er zuvor wohlhabende Freunde Rilkes – Karl von der Heydt, Rudolf Kassner und Harry Graf Kessler – gebeten hatte, sich an einem festen Jahresbetrag von insgesamt 4000 Mark in den Jahren 1912, 1913 und 1914 zu beteiligen. Und schließlich fließen dem Dichter 1914 aus einer (ihm

Rudolf Kassner

nicht genannten) Schenkung des Philosophen Ludwig Wittgenstein zusätzlich 20 000 österreichische Kronen zu.

Vom 22. Oktober 1911 bis zum 9. Mai 1912 ist Rilke wieder Gast der Fürstin; diesmal in Duino, wo ihn der Eindruck des Felsenschlosses aufs Neue überwältigt: *[Ich bin] bei meinen Freunden, in diesem immens ans Meer hingetürmten Schloß, das wie ein Vorgebirg menschlichen Daseins mit manchen seiner Fenster (darunter mit einem meinigen) in den offensten Meerraum hinaussieht, unmittelbar ins All möcht man sagen und in seine generösen, über alle hinausgehenden Schauspiele, – während innere Fenster anderen Niveaus in still eingeschlossene uralte Burghöfe blicken, darin spätere Zeiten um alte Römermauern die Milderungen barocker Ballustraden und mit sich selbst spielender Figuren gewunden haben.* [202]

Später, als Gastgeberin und Gäste das Schloss verlassen haben und Rilke allein zurückbleibt, beginnt mit der Einsamkeit, die er als Dichter suchte, gleichzeitig auch der Druck, nach all der unproduktiven Zeit endlich wieder etwas zu leisten. In die zahlreichen Schilderungen, die Rilke von der Lage des Schlosses gibt, mischen sich nun auch andere Töne. *Schade nur, daß mir die Natur hier fast nichts entgegenbringt, sogar das Meer läßt mich gleichgültig,* schreibt er am 10. Januar 1912 an Lou. Und im Brief vorher spricht er gar davon, dass ihn das *alte feste Schloß* mit seinen *immensen Mauern [...] ein bischen wie einen Gefangenen* halte. Die Krisis spitzt sich zu; Lou ist – wie immer in größter seelischer Not – gefragt; in vielen langen, oft zermürbenden, selbstzerfleischenden Analysen seiner Situation versucht er mit ihrer Hilfe seine Lage zu klären.

Ein Problem, das ihn seit zwei Jahren nicht loslässt, ist der *Malte*; so stellt er ihr die Frage, *ob und wie weit er mir ähnlich sieht. Ob [Malte], der ja zum Theil aus meinen Gefahren gemacht ist, darin untergeht, gewissermaßen, um mir den Untergang zu ersparen, oder ob ich erst recht mit diesen Aufzeichnungen in die Strömung gerathen bin, die mich wegreißt und hinübertreibt. Kannst Dus begreifen, daß ich hinter diesem Buch recht wie ein Überlebender zurückgeblieben bin, im Innersten rathlos, unbeschäftigt, nicht mehr zu beschäftigen.* Und er erwägt: *Vielleicht mußte dieses Buch geschrieben sein wie man eine Mine anzündet; vielleicht hätt ich ganz weit wegspringen müssen davon im Moment, da es fertig war.*

Schloss Duino. Foto von 2008

Identitätsverlust und Versagensängste quälen ihn auch körperlich dermaßen, dass er – wie damals, als er nach ihrem «Letzten Zuruf» den Kontakt zu Lou wieder aufnahm – an eine psychoanalytische Behandlung denkt. Doch er weiß, wie Lou dazu steht, und räumt sogleich im selben Brief vom 28. Dezember 1911 ein: Sie *ist eine zu gründliche Hilfe für mich, sie hilft ein für alle Mal, sie räumt auf, und mich aufgeräumt zu finden eines Tages, wäre vielleicht noch aussichtsloser als diese Unordnung.* Lous prompte Antwort Anfang Januar 1912 baut ihn auf. *Ich kann Dir nicht sagen, wie [...] tröstlich mir das war, ich bin die einzelne kleine Ameise, die den Kopf verloren hat, Du aber siehst den Bau und versicherst mir, er sei heil und ich würde schon wieder hineinfinden und mich nützlich machen.*[203]

Dein Wesen war so recht die Thür, durch die ich zuerst ins Freie kam; nun komm ich immer noch von Zeit zu Zeit und stell mich grade an den Türpfosten, auf dem wir damals mein Wachsen verzeichnet haben. Laß mir diese liebe Gewohnheit und hab mich lieb. Rainer

Rilke an Lou, 28. Dezember 1911, LAS 242

Als hätte die Versicherung seines Zurückfindens zu sich selbst Blockaden gelöst, setzt ein Produktionsschub ein, der am 15. Januar 1912 losbricht mit der Niederschrift des *Marien-Lebens*. Wie eine Fingerübung bereitet sie Rilke vor auf den großen Wurf, der am 21. Januar gelingt: die erste *Duineser Elegie*. Sie ist da. Die große Klage ist Kunst geworden:

> WER, *wenn ich schriee, hörte mich denn aus der Engel*
> *Ordnungen?[...]*[204]

Rilke weiß sofort, dass er mit diesen Versen, die er sogleich voller Dankbarkeit der Fürstin schickt, etwas völlig Neues geschaffen hat – eine dichterische Vision, die alles bislang Geschriebene weit hinter sich lässt: Nicht mehr sachlich geschaute ‹Dinge› werden dargestellt; ein ganzer Kosmos öffnet sich, in dem alle Dinge, selbst der Tod, ihren Platz und ihren Sinn finden.

Am 22. Januar 1912 erreicht Rilke Lous Telegramm; sie rät endgültig von der Psychoanalyse ab. Erleichtert kann er nun auch die erwogene Behandlung absagen: Es *scheint mir sicher, daß, wenn man mir meine Teufel austriebe, auch meinen Engeln ein kleiner, ein ganz kleiner (sagen wir) Schrecken geschähe, – und [...] gerade darauf darf ich es auf keinen Preis ankommen lassen.* Er setzt nunmehr auf eine Selbsttherapie durch sein Dichten: *Mir kommt immer noch vor, daß meine Arbeit eigentlich nichts anderes ist als eine derartige Selbstbehandlung, wie wäre ich sonst überhaupt (mit zehn, zwölf Jahren schon) auf die Arbeit gekommen?*[205] Hier deutet sich ihm selbst der Weg zur Überwindung jener Krise an, in die er nach der Beendigung des *Malte* gefallen war; die ersehnte Therapierung aller quälenden Selbstzweifel durch die dichterische Arbeit scheint erreicht. *Und so verhalt ich mich denn und verschlucke den Lockruf / dunkelen Schluchzens,* heißt es nach dem ‹unerhörten Schrei› in der ersten Elegie.

Als dann noch ein Zufall ihm den Aufsatz «Der neue Schlag» von Annette Kolb in die Hände spielt, reagiert Rilke am 23. Januar 1912 auf ihre Vorstellung vom *Mann des ‹neuen Schlags›* überschwänglich: *So gut geht es mir selten!* Ihr Aufsatz *kommt* ihm mit seinem Gegenstand *aufs wunderbarste* für seine Arbeit *zurecht.* Ausführlich antwortet Rilke mit einer recht eigenen Vorstellung vom Mann als Liebenden: Ist für ihn der *lyrische Dichter* nur einen

Schritt entfernt von der *Liebenden*, die *in ihrer tiefsten Natur [...] Engel* ist, so liegen zwischen ihr und dem normalen Mann Welten: Dieser habe sich *seit der Antike überhaupt nicht in die Liebe eingelassen. [...] Der Mann, der immer die Ausrede hatte, mit Wichtigerem beschäftigt zu sein,* ist *(sagen wirs offen) für die Liebe auch gar nicht genügend vorbereitet.* Rilke schließt seinen Brief mit einer Erwartung: Auch wenn er vorerst noch von *der absoluten Liebesunzulänglichkeit des Mannes überzeugt* sei, hoffe er, dass der Mann endlich *die Entwicklung zum ‹Liebenden› auf sich nimmt,* diese *lange, schwere, ihm völlig neue Entwicklung.* [206]

> WER, wenn ich schriee. hörte mich denn aus der Engel
> Ordnungen? und gesetzt selbst, es nähme
> einer mich plötzlich ans Herz: ich verginge von seinem
> stärkeren Dasein. Denn das Schöne ist nichts
> als des Schrecklichen Anfang, den wir noch grade ertragen,
> und wir bewundern es so, weil es gelassen verschmäht,
> uns zu zerstören. Ein jeder Engel ist schrecklich.
>   Und so verhalt ich mich denn und verschlucke den
> Lockruf dunkelen Schluchzens.
>   Beginn der ersten «Duineser Elegie». SW I, 685

In knapp zwei Monaten gelingt es Rilke, die ersten beiden Elegien weitgehend zu vollenden; es entstehen Teile der dritten, der sechsten, der neunten und der zehnten Elegie. Das Thema der *Liebenden* bildet in der neuen Dichtung den eigentlichen Kristallisationspunkt der freigesetzten Schaffenskraft. Alle entstehenden Elegien *singen* ihren *Ruhm.* Als *Engelslieder* kreisen sie um die *Genialität des Gefühls* der Liebe, das bei Rilke vor allem den Liebenden, aber auch den Kindern, den Helden und dem Dichter selbst zu eigen ist: *[...] so singe die Liebenden; lange / noch nicht unsterblich genug ist ihr berühmtes Gefühl.* [207]

Dem Zyklus *Das Marien-Leben*, dessen Gedichte die Produktion der Elegien in Gang setzten, hat Rilke selbst keine große Bedeutung beigemessen: *Ich rechne dieses kleine Buch* – es erscheint 1913 sogleich im Druck – *nur sehr nebenbei zu meiner Produktion; denn es ist auch nur ‹nebenbei› entstanden, als eine äußerlich veranlaßte Rückkehr zu einem alten Plan* [208] aus der Zeit der Zusammenarbeit mit Heinrich Vogeler. Immerhin wird in diesen Gedichten ein wei-

teres Mal deutlich, wie Rilke die Motive der katholischen Marien-
verehrung aus ihrem Transzendenzbezug löst und sie – teilweise
parodistisch karikierend – in die Zusammenhänge der eigenen
Mythenbildung einordnet.

Mitte März 1912 bricht der Schaffensstrom ab. Die ‹Selbst-
analyse› habe ihm eine ungeheure Spannung in den Nerven
eingetragen, klagt er in einem Brief an Lou: *Mir geht alles, alles zur
Kränkung aus, ich kränke mich so unendlich seit einiger Zeit, nehm mir
alles zu Herzen [...]. Es ist wahr, Duino that mir nie wohl, als ob zuviel
gleichgestimmte Elektrizität da wäre, die mich überlädt [...].*[209]

Am 9. Mai 1912 siedelt Rilke nach Venedig über, bezieht dort
die Wohnung der Fürstin Taxis im Zwischengeschoss des Palazzo
Valmarana. Als er hört, dass Eleonora Duse in der Stadt weilt, sucht
er Kontakt zu ihr und möchte die große Tragödin unbedingt als
Hauptdarstellerin für sein Stück *Die weiße Fürstin* gewinnen. Doch
sein Bemühen, für sie ein Comeback auf der Bühne zu erreichen,
misslingt. Rilke denkt in Venedig an weitere Reisepläne: Spanien
steht ganz oben. Schon als er ein Jahr zuvor in der Münchner Pinakothek von den Bildern El Grecos so fasziniert war, schrieb er
an Marie Taxis: *Wissen Sie, daß ich eine einzige Sehnsucht hätte: nach
Toledo zu reisen.*[210] Jetzt geht er an die konkrete Planung seines Vorhabens, teilweise in Duino, wo er ab 11. September 1912 noch einmal für einen Monat Gast der Fürstin ist. Es folgen zweieinhalb
Wochen in München mit Clara und Ruth, Tage, die wieder einmal
aktiver Kontaktpflege dienen: Er trifft sich mit Sidonie Nádherný,
mit Annette Kolb, mit Wassermann und Hofmannsthal und auch
mit seiner Mutter. Am 28. Oktober 1912 kann er endlich die bayerische Hauptstadt Richtung Spanien verlassen.

In Toledo, der Stadt seiner Sehnsucht, hält Rilke sich fast einen
Monat auf; ihn fasziniert die Stadtsilhouette vor dem tief einge-
schnittenen Ebro-Tal. Fast täglich besucht er die Kirchen, Museen
und ist überwältigt vom Erlebnis der Bilderwelt El Grecos: *[...] ich
sah noch viel Greco in Toledo, mit immer mehr Einsicht und immer reine-
rer Ergriffenheit; ganz zum Schluß die Himmelfahrt in San Vincente: ein
großer Engel drängt schräg ins Bild hinein, zwei Engel strecken sich nur,
und aus dem Überschuß von alledem entsteht purer Aufstieg und kann
gar nicht anders. Das ist Physik des Himmels.*[211]

Himmelfahrt Mariä.
Mittelteil des Hochaltars
in Santo Domingo el
Antiguo, Toledo.
Gemälde von El Greco,
1577. Chicago, The Art
Institute of Chicago

Die Wintermonate verbringt Rilke im südspanischen Ronda, einer *der ältesten und seltsamsten spanischen Städte*[212]. Hingerissen von der *unvergleichlichen Erscheinung dieser auf zwei steile Felsmassen [...] hinaufgehäuften Stadt*, schwärmt er der Fürstin Taxis, *hier wäre nun freilich auch der Ort, recht spanisch zu leben und zu wohnen* – und endlich *die nouvelle opération* zu erfahren, die er sich von seiner Spanien-Reise so sehr versprochen hatte.[213] Tatsächlich stellt sich in den kommenden Wochen die erwartete dichterische Inspiration ein; er führt die begonnene sechste *Duineser Elegie* weiter, verarbeitet sein Toledo-Erlebnis in der zweiteiligen Gedichtfolge *Himmelfahrt Mariae*, und er schreibt die *Spanische Trilogie*:

Dass mir doch, wenn ich wieder der Städte Gedräng
und verwickelten Lärmknäul und die
Wirrsal des Fahrzeugs um mich habe, einzeln,
daß mir doch über das dichte Getrieb
Himmel erinnerte und der erdige Bergrand,
den von drüben heimwärts die Herde betrat. [...][214]

Etwas von diesem Wunsch scheint sich tatsächlich erfüllt zu haben, als er am 25. Februar 1913 wieder nach Paris zurückkehrt: Er
erinnert sich in einem späteren Brief an Erica Hauptmann an *den*
Morgen nach der Reise, [...] als ich von Spanien kam; [...] ich ging die
rue de Seine hinauf, so unsäglich wiedersehend [...]: dies ärgste Äußerste,
das hier denkbar war, schien mir ein solches Glück zu sein, eine solche
an mich versprochene Verschwendung, daß, indem ich dieses gewisser-
maßen zum Nullpunkt des Glückes nahm, mein damaliger Zustand, frei
und schauend die Gasse hinaufzugehen [...], von einer Erfülltheit und un-
widerruflichen Freude gleichsam erschüttert war und mir eine Einheit
des Lebens vorstellte, wie sie vielleicht nur die Kindheit zuweilen über
einen hat bringen dürfen.[215]

Dennoch setzt im Frühsommer 1913 sogleich wieder ein un-
stetes Reisen ein: Nach einer vierwöchigen Kur in Bad Rippoldsau
im Schwarzwald ist er im Juli knapp zwei Wochen zu Gast bei
Lou in Göttingen, stillt Anfang August sein *heftiges Bedürfnis nach*
Seewind[216] in Heiligendamm an der Ostsee. Hier entstehen in der
Auseinandersetzung mit den nachgelassenen Gedichten Georg
Heyms Verse, die den Anschluss an die avantgardistische Lyrik des
deutschen Frühexpressionismus suchen:

Hinter den schuld-losen Bäumen
langsam bildet die alte Verhängnis
ihr stummes Gesicht aus.
Falten ziehen dorthin ...
Was ein Vogel hier aufkreischt,
springt dort als Weh-Zug
ab an dem harten Wahrsagermund. [...][217]

Im September 1913 ist Rilke in München, um Lou zu den Sitzungen des Zweiten Psychoanalytischen Kongresses zu begleiten, wo

er Sigmund Freud persönlich kennenlernt. Eine Ausstellung von Wachspuppen Lotte Pritzels, die er wenige Tage später besucht, inspiriert ihn zu seinem Aufsatz *Puppen*, der im März 1914 in den «Weißen Blättern» erscheint und den Lou im Juni desselben Jahres psychoanalytisch ausdeutet.[218]

Zurück in Paris, entstehen bis Ende des Jahres 1913 weitere Teile des Elegien-Werks sowie Gedichte aus dem Umkreis *An die Nacht*. Doch dann zieht eine begeisterte Leserin der *Geschichten vom lieben Gott* ihn im Januar 1914 in ihren Bann: die Pianistin Magda von Hattingberg. Bis zur ersten Begegnung in Berlin am 26. Februar 1914 füllt der leidenschaftliche Briefwechsel, der sich oftmals zu einer hinreißenden lyrischen Prosa steigert, nach Rilkes Angaben 170 Seiten seines *Tageshefts*.[219] Für Rilke ist sie die ‹ersehnte Unbekannte›, *Benvenuta*, die Willkommene. Doch: Was *mit vielen, vielen Briefen [anfing], leichten, schönen, die mir stürzend von Herzen gingen, [fiel] schließlich so völlig zu meinem Elend [aus]*, schreibt Rilke am 8. Juni 1914 an Lou.[220] Nach einigen Wochen gemeinsamen Reisens hatte er einsehen müssen, dass auch diese Beziehung für ihn auf Dauer nicht zu leben war. Was bleibt, ist jedoch das veränderte Verhältnis zur Musik. Rilke, der der Musik zuvor eher distanziert gegenüberstand, entdeckt durch Benvenuta für sich dieses Medium der Kunst: *[...] ich glaube, durch sie kann ich mich so an der Musik entwickeln und aufrichten wie einst an Rodin's Skulptur.*[221] Von ihr angeregt, nimmt er Kontakt zu ihrem Lehrer Ferruccio Busoni auf und vermittelt die Veröffentlichung von dessen «Entwurf einer neuen Ästhetik der Tonkunst».

Nach der Trennung von Benvenuta schickt Rilke Lou *ein wunderliches Gedicht, [...] das ich unwillkürlich «Wendung» nannte, weil's die Wendung darstellt, die wohl auch kommen muß, wenn ich leben soll [...]*:

> *[...] Denn des Anschauns, siehe, ist eine Grenze.*
> *Und die geschautere Welt*
> *will in der Liebe gedeihn.*
>
> *Werk des Gesichts ist getan,*
> *tue nun Herz-Werk*
> *an den Bildern in dir, jenen gefangenen [...].*[222]

Der Hinweis im Brief an Lou, *Du wirst sie [die Wendung] verstehen,
wie sie gemeint ist*, verweist auf existenzielle Bedeutungsdimen-
sionen, die eng mit den Erfahrungen der Liebe zu Benvenuta zusammenhängen. Die langen Briefe, die Rilke im Juni 1914 an Lou
schreibt, zeugen von seiner Verzweiflung über seine Unfähigkeit,
die *richtige liebevolle Einstellung zu einem Menschen* und zum Leben
zu finden. Eine schreckliche Wahrheit überfällt ihn, *einsehn müs-
send diesmal, daß keiner mir helfen kann, keiner; [...] daß ich wiederum
einer reinen und frohen Aufgabe nicht gewachsen war. [...] Denn daran
zweifel ich nun nicht mehr, daß ich krank bin, und meine Krankheit [...]
steckt auch in dem, was ich bisher meine Arbeit nannte, so daß dort vor
der Hand keine Zuflucht ist.*

Um Lou seine Ausweglosigkeit, seinen *furchtbar* zerrissenen
Zustand eingehend zu verdeutlichen, schreibt Rilke: *Ich bin auch
so heillos nach außen gekehrt, darum auch zerstreut von allem, nichts
ablehnend, meine Sinne gehn, ohne mich zu fragen, zu allem Störenden
über [...]. Vor dieser Öffentlichkeit hat sich irgend ein Leben in mir gerettet,
hat sich an eine innerste Stelle zurückgezogen und lebt dort, wie die Leute
während einer Belagerung leben, in Entbehrnis und Sorge. Macht sich,
wenn es bessere Zeiten gekommen glaubt, bemerklich durch die Bruch-
stücke der Elegieen, durch eine Anfangszeile, muß wieder zurück, denn
draußen ist immer die gleiche Preisgegebenheit.* Schließlich macht er
Lou seinen Zustand des *Nichtkönnen[s]* im Bild der *festgepflöck-
ten Ziege* deutlich, die sich, ihr Angebundensein merkend, immer
mehr verwickelt, dass ihr *meist nicht einmal die ganze Stricklänge zur
Verfügung* steht. So ergehe es ihm: *[...] an hundertmal stehengelasse-
nen Büchern ohne Lust herumknabbernd*, und selbst von dem, was er
sich aneigne, bleibe ihm nichts Brauchbares, *denn auch das habe
ich mit der Ziege gemein, daß mir, von dem, was ich früher gefressen habe, rein nichts Nachweisbares bleibt an das anzuknüpfen wäre: Es wird
eben zur Ziege.* Auch diesmal ist es Lou, die durch ihre Deutung
den Weg in die Zukunft für den Dichter Rilke wieder frei macht:
«[...] die Art wie Du es in Deinen Worten wieder lebendig aufstehn
lässest, ist genau, genau, genau die alte, unversehrte Kraft, die aus
dem Todten Leben macht.»[223]

Den Ausbruch des Ersten Weltkriegs am 1. August 1914 erlebt
Rilke in Deutschland. Er war nach Monaten in Paris, die allmäh-

lich wieder einen Zugang zu seiner dichterischen Produktivität gebracht hatten, am 19. Juli zu einem kurzen Besuch bei Lou in Göttingen aufgebrochen, schloss Gespräche mit seinem Verleger in Leipzig an und war zu einer ärztlichen Behandlung nach München gereist, als ihn das *ungeheuerliche* politische Geschehen überraschte. Die erste Reaktion ist die Niederschrift der *Fünf Gesänge*:

> ZUM ersten Mal seh ich dich aufstehn
> hörengesagter fernster unglaublicher Kriegs-Gott. [...]

Während Rilke mit dem Beginn des zweiten Gesangs, *HEIL mir, daß ich Ergriffene sehe*, noch in die Euphorie des patriotischen Aufbruchs in den Krieg einzustimmen scheint, markieren die weiteren Teile des Zyklus bereits deutlich die Distanzierung vom Kriegsgeschehen:

> DENNOCH, es heult bei Nacht wie die Sirenen der Schiffe
> in mir das Fragende, heult nach dem Weg, dem Weg.
> Sieht ihn oben der Gott, hoch von der Schulter? Lodert
> er als Leuchtturm hinaus einer ringenden Zukunft,
> die uns lange gesucht? Ist er ein Wissender? K a n n
> er ein Wissender sein, dieser reißende Gott? [...]

Schließlich erteilt er im Schlussgesang allem Kriegsgeschehen eine Absage:

> AUF, und schreckt den schrecklichen Gott! Bestürzt ihn. [...][224]

Schon nach wenigen Tagen orientierungslosen Irrens hat Rilke seinen Standpunkt gefunden: Auf eine Bitte seines früheren Verlegers Axel Juncker, Beiträge für einen Kriegsalmanach zur Verfügung zu stellen, reagiert der Dichter in aller Eindeutigkeit: *[...] so gern ich Ihnen allen erwünschten Gefallen täte: ‹Kriegslieder› sind keine bei mir zu holen, beim besten Willen.*[225] Damit hat sich Rilke klar dem Lager der Kriegsgegner zugeschlagen. Er schließt sich der Bewegung des Pazifismus an, sucht den Kontakt zu Romain Rolland und André Gide, um über die Grenzen hinweg eine humanitäre Bewegung gegen den Krieg in Gang zu setzen; er weiß sich einig mit der Antikriegshaltung eines Karl Kraus und hebt lobend die erschütternden «Briefe an einen Toten» der Deutsch-Französin Annette Kolb hervor: *[Sind sie] nicht unter das Gültigste zu rechnen, Nöthigste, was jetzt geschrieben worden ist? Annette's Mutter ist Französin, ihre Stellung also von vornherein eine doppelte, und ich finde, sie giebt diesem inneren Verhältnis einen so reinen und bestimmten Ausdruck, sie steht organisch zwischen den Völkern, wie wirs doch alle, unserem seelischen Organismus nach, thun, – dies, dies [...] muß die Raserei des Krieges überwinden, überleben.* [226]

Rilke lebt in der Zeit des Krieges in München *in einer Art abwartendem Exil* [227]. In Irschenhausen, wohin er sich auf Anraten seines Münchner Arztes zurückgezogen hatte, lernt er Mitte September 1914 Lulu Albert-Lazard kennen. Ihre pazifistische Gesinnung – als gebürtige Lothringerin steht sie wie Annette Kolb zwischen den beiden verfeindeten Ländern – und ihre kunstausübende Tätigkeit als Malerin schaffen vielfache Berührungspunkte. Eine leidenschaftliche Beziehung entwickelt sich innerhalb weniger Wochen: Fast zwanzig Gedichte widmet Rilke seiner neuen Geliebten, darunter eines seiner schönsten Liebesgedichte der späteren Zeit: *Ausgesetzt auf den Bergen des Herzens [...]*. Doch der Verbindung ist das gleiche Schicksal beschieden wie der Liebe zu Benvenuta. Schnell wird ihm die allzu große Nähe zur Geliebten lästig; hilfesuchend wendet er sich im Februar 1915 an Marie Taxis, die schon bei der Trennung von Benvenuta damals in Venedig

AUSGESETZT auf den Bergen des Herzens. Siehe, wie klein dort,
siehe: die letzte Ortschaft der Worte, und höher,
aber wie klein auch, noch ein letztes
Gehöft von Gefühl. Erkennst du's?
Ausgesetzt auf den Bergen des Herzens. Steingrund
unter den Händen. Hier blüht wohl
einiges auf; aus stummem Absturz
blüht ein unwissendes Kraut singend hervor.
Aber der Wissende? Ach, der zu wissen begann
und schweigt nun, ausgesetzt auf den Bergen des Herzens.
Da geht wohl, heilen Bewußtseins,
manches umher, manches gesicherte Bergtier,
wechselt und weilt. Und der große geborgene Vogel
kreist um der Gipfel reine Verweigerung. – Aber
ungeborgen, hier auf den Bergen des Herzens ....

SW II, 94 f.

Rainer Maria Rilke. Ölgemälde von Lulu Albert-Lazard, 1916

mitgewirkt hatte: *Es ist wieder ein Verhängnis über mir [...] ich Un-*
verbesserlicher [...] habs seither nochmals mit dem Nicht-allein-Bleiben
versucht.[228] Darauf antwortet die Fürstin mit einem *schönen großen*
Gewitter: «Aber Dottor Serafico!» – so nennt sie den befreundeten
Dichter –, «j e d e r Mensch ist einsam, und muß es bleiben, [...]
m u ß die Hilfe nicht in anderen suchen [...] was brauchen Sie immerfort dumme Gänse [...]. Es kommt mir vor, [...] daß der selige
Don Juan ein Waisenknabe neben Ihnen war.»[229]

Mit dieser ‹Gardinenpredigt› ist das Verhältnis zu Lulu allerdings nicht beendet; mit jeweils längeren Unterbrechungen findet das Paar mehrfach wieder zusammen. Im Mai und Juni 1916 sind sie in Rodaun bei Wien, wo Lulu im Gartenpavillon von Hugo von Hofmannsthal ein großes Porträt des Dichters malt. Erst mit ihrem Umzug in die Schweiz im Herbst 1916 endet die Beziehung.

In die österreichische Hauptstadt hatte Rilke die Einberufung zum Militärdienst geführt: Gerade als im Herbst 1915 das Dichten langsam wieder in Gang gekommen war, erreichte ihn der Gestellungsbefehl. Trotz mehrfacher Proteste einflussreicher Freunde musste er am 4. Januar 1916 beim österreichischen Landsturm seinen Dienst antreten. Eine dreiwöchige Grundausbildung rief Erinnerungen an die traumatischen Erlebnisse der Militärschulzeit wach. «Er ist körperlich und seelisch sehr erschüttert und ich hoffe, daß er sich bald wieder erholen wird», schreibt Stefan Zweig am 27. Januar 1916 an Katharina Kippenberg.[230] Der österreichische Schriftsteller erreicht Ende Januar die Versetzung Rilkes in den «Innendienst» im Wiener Kriegsarchiv. Rilke darf nun in Hotels der Stadt wohnen, ist zu Gast bei der Fürstin Taxis, besucht Konzerte von Arnold Schönberg und pflegt freundschaftliche Kontakte zum Architekten Adolf Loos, zu Karl Kraus, Oskar Kokoschka und zu Hofmannsthal. Nach einer von Anton Kippenberg organisierten Intervention wird Rilke am 9. Juni 1916 endgültig aus dem Kriegsdienst entlassen.

Rilke hatte durch Lulu den Zugang zur modernen Malerei gewonnen. Noch vor seiner Einberufung hatte er Hertha Koenig, eine wohlhabende und selbst schriftstellerisch tätige Kunstliebhaberin, überredet, Picassos Gemälde «Die Gaukler» («Les Saltimbanques») zu kaufen. Als sie ihm im Sommer 1915 seine Bitte erfüllt, *für eine Weile beim großen Picasso* in ihrer Münchner Stadtwohnung arbeiten zu dürfen, kann er das Bild täglich von neuem bewundern. *Und stellen Sie sich vor*, schreibt er Marie Taxis, *es hängt [...] ein ganz großer, der schönste bedeutendste Picasso [...] in meinem Arbeitszimmer [...], ein herrliches Bild, in dem französische Tradition: Watteau – Chardin – Manet mit der größten spanischen Haltung unbeschreiblich zusammenkommt. [Diese Nachbarschaft öffnet mir zuweilen*

Die Gaukler. Ölgemälde von Pablo Picasso, 1905. Washington, National Gallery of Art

*fast die Welt.]*²³¹ In der fünften *Duineser Elegie* hat Rilke diesem Gemälde Picassos ein großartiges Denkmal gesetzt.

Du, der mit dem Aufschlag,
wie nur Früchte ihn kennen, unreif,
täglich hundertmal abfällt vom Baum der gemeinsam
erbauten Bewegung […] –
abfällt und anprallt ans Grab:
manchmal, in halber Pause, will dir ein liebes
Antlitz entstehn hinüber zu deiner selten
zärtlichen Mutter; […] Und wieder
klatscht der Mann in die Hand zu dem Ansprung, und eh dir
jemals ein Schmerz deutlicher wird in der Nähe des immer
trabenden Herzens, kommt das Brennen der Fußsohln
ihm, seinem Ursprung, zuvor mit ein paar dir
rasch in die Augen gejagten leiblichen Tränen.
Und dennoch, blindlings,
das Lächeln …

Die fünfte «Duineser Elegie», Auszug. SW I, 701 – 705

Nach seiner Entlassung vom Militär intensiviert Rilke seine Kenntnisse der aktuellen Kunstszene, besucht Ausstellungen der Maler Franz Marc und Marc Chagall, nimmt regelmäßig in München an den von der Bücherstube Goltz veranstalteten «Abenden für neuere Literatur» teil; lernt unter anderem Else Lasker-Schüler, Alfred Wolfenstein und Theodor Däubler kennen. Beeindruckt hat ihn die Begegnung mit Robert Musil an einem Abend im Hause S. Fischer, und über Heinrich Mann, dessen Romane er ganz besonders schätzt, schreibt er Lulu Albert-Lazard: *Die wunderbare Sättigung dieses ganz in die Sprache gelösten Lebens ist wohl nie vorher im Deutschen dagewesen.*[232]

Zum literarischen Schreiben kommt Rilke in diesen Monaten nicht; das grausame Kriegsgeschehen lässt ihn vollends verstummen. An die Stelle tritt ein für Rilke ganz ungewöhnliches Engagement für die politischen Entwicklungen der Zeit. *Der Krieg, in seiner jetzigen [revolutionären] Phase, ist mir wieder etwas verständlicher geworden, seit er [...] überall in dem endgültigen Ringen der zwei gewaltigen Parteien besteht, von denen die eine, kurzsichtige, die kleinen, bösen, und habgierigen Gewinste aus ihm zu schlagen sich anmaßen will, während die andere große menschliche Partei [das] Gebot zur Änderung aller menschlichen Dinge erkennt und sich, durch alle Länder hin, bereit erklärt, zu gehorchen. Nie, soweit wir die Geschichte sehen können, ist die Menschheit so im Ganzen umformbar geworden, wie in diesem ihrem schrecklichsten Schmelzofen, – wären nur die Bildnerhände da –: jetzt wäre sie Wachs in ihnen.*[233]

Diese eindeutige Parteinahme für eine revolutionäre Veränderung der Gesellschaft ist sicherlich durch die Begegnung mit Sophie Liebknecht, der Frau des zu vier Jahren Festungshaft verurteilten Sozialistenführers, gefördert worden. Rilke hatte sie im Juni 1917 bei einem Erholungsaufenthalt auf Herrenchiemsee kennengelernt; in dem nach dem Zusammentreffen einsetzenden Briefwechsel fordert sie ihn auf, sich für die Probleme der Zeit zu öffnen, dann könne er auch «wieder dichten»: «Sie leiden doch furchtbar unter dem Druck der Kriegszeiten, aber Sie könnten – ich bin überzeugt, Sie könnten – productiv darunter leiden und wären dann erlöst [...].»[234] Rilke bemüht sich in den letzten Monaten des Krieges nicht nur um Kontakte zu führenden politischen Persönlichkeiten wie Walther Rathenau, Richard von Kühlmann, Kurt Eisner und Wilhelm Muehlon; als im November 1918 das alte Regime zusammengebrochen und der Krieg beendet ist, wird Rilke selber aktiv: Er nimmt an der Revolutionsfeier des Soldaten-, Arbeiter- und Bauern-Rates im Münchener National-theater teil und singt die neue Friedenshymne begeistert mit. An Clara schreibt er am 7. November: *Überall große Versammlungen in den Brauhaussälen, fast jeden Abend, überall Redner [...], und wo die Säle nicht ausreichen, Versammlungen unter freiem Himmel nach Tau-senden. Unter Tausenden auch war ich [...].* Noch im selben Monat setzt er sich für das Projekt eines «sozialistischen Lehrer-Blatts» ein, einer Zeitung, *die, gegen Rückständigkeit und Reaktion, alle jene Schulmänner zusammenfassen könnte, denen es dringlich ist, die Schule [zu] revolutionier[en]. In der Tat: eine Revolution, die nicht vor Allem die Schulen revolutioniert, hätte wenig Aussicht, weit in die Zukunft hinaus-zureichen.* [235]

Auch literarisch beteiligt er sich mit vier Gedichten, darunter *Ausgesetzt auf den Bergen des Herzens*, an Alfred Wolfensteins «Jahr-buch für neue Dichtung und Wertung» (das 1919 bei S. Fischer erscheint) und setzt damit ein Zeichen für ein «neues Menschen-tum»[236]. In seiner Münchner Atelierwohnung in der Ainmiller-straße, wo sich noch Wochen zuvor die junge Literatengeneration traf, kommen jetzt die Revolutionäre zusammen. Oskar Maria Graf erinnert sich: «Denk' ich an die Besuche der münchner Re-volutionäre bei ihm, so rückt jedesmal etwas gleicherzeit Frappie-rendes und Komisches in meine Erinnerung. Schlicht, mit einer fast zärtlichen Interessiertheit bot er sich jedem. Diese scheinbar so rauh-realistischen Männer aber verwandelten sich in seiner Gegenwart im Nu. Unwillkürlich nahmen sie Rilkes Art an, ja sie redeten sogar mit einem Male so wie er, was mitunter besonders lächerlich wirkte.» [237]

Vom Ausgang der Revolution ist Rilke zutiefst enttäuscht: Die *unheilbar Unernsten*, die *Bürger*, die eigentlich gar keine Verände-rung wollten, hätten die Revolution verraten und sie ad absurdum geführt.[238] Mit besonderer Betroffenheit vernimmt Rilke die Nach-richt von der Ermordung des bayerischen Ministerpräsidenten Kurt Eisner. Noch zwei Jahre später, anlässlich einer Würdigung des Revolutionärs und genialen Politikers durch Annette Kolb, schreibt Rilke an die Gräfin Dobrčensky: *Die Darstellung Eisner's [...] ist so rein und wahr und ergreifend: so, wie sie ihn sah, muß er gesehen und erhalten bleiben!*[239]

Die Gegenbewegung zur Revolution bekommt Rilke dann auch am eigenen Leib zu spüren. Wilhelm von Hausenstein schildert in seinen «Erinnerungen an Rilke» den «weißen Terror»: «Wer des Geistes verdächtig war, wurde vom Gewehrkolben heimgesucht. Bei Rilke schlugen Kolben und Kommißstiefel eines Morgens um fünf Uhr an die Tür; er sei ein Bolschewist! Dies Ereignis hat ihn aus München, aus Deutschland vertrieben.»[240] Innerlich hatte er sich auf einen Weggang aus München längst vorbereitet. Am 21. März 1919 schreibt er an Annette Kolb, die gemeinsam mit dem elsässischen Schriftsteller René Schickele für ein geeintes Europa eintrat und deren Buch «Das Exemplar» er für Lou besorgen lässt: *München ist so sehr zu Ende für mich, wie ein Buch, das ich zwanzigmal im Gefängnis vom Anfang bis zum Schluß durchgelesen hätte; es ist so völlig aufgebraucht, daß nicht einmal Wind, Himmel oder die kleinen Frühlingsversuche der Büsche des Englischen Gartens mir das Mindeste zu sagen haben.*[241]

«Gesang ist Dasein».
Rilkes Schweizer Jahre 1919 – 1926

Mit einer Aufenthaltsgenehmigung für nur zehn Tage kommt Rilke – einer Einladung des «Lesezirkels Hottingen» folgend – am 11. Juni 1919 in Zürich an, aber *es ist beschlossen worden, daß ich erst nach Nyon gehe, um mit den dortigen Freunden die Schritte zu bedenken, die für ein Bleibenkönnen […] gethan werden müssen: das ist das dringendste. Der Termin der Vorlesung wird dann später erst festgesetzt sein, wenn meine Tage gesichert sind.* [242] Die Beratung, wie die Aufenthaltsgenehmigung zu verlängern sei, findet Mitte Juni im Haus der Gräfin Dobrčensky in Nyon statt.

Im nahegelegenen Genf trifft er die Malerin Baladine Klossowska wieder; er hatte sie und ihren Ehemann Erich schon früher in Paris kurz kennengelernt. Inzwischen hat sich das Ehepaar getrennt; die Söhne Pierre und Baltusz leben mit ihrer Mutter in der Schweiz. Es ist ein folgenschweres Wiedersehen, aus dem sich eine wunderbare, fast tragisch zu nennende intensive Beziehung entwickelt, die Rilkes Ideal von den *Liebenden* nahe kommt, aber doch an der Realität zerbricht. Rilke und Merline, wie er seine neue Freundin künftig nennen wird, werden sich vorwiegend schreiben, da es ihm

Baladine Klossowska, geboren 1886 als Elisabeth Dorothee Spiro, Tochter eines jüdischen Kantors in Breslau, Malerin, heiratete 1903 den deutsch-polnischen Kunsthistoriker und Maler Erich Klossowski, von dem sie sich 1917 trennte. Mit den Söhnen Pierre und Baltusz lebte sie in Genf, bei ihrem Bruder in Berlin und später in Paris, wo sie 1969 starb.

wieder einmal nicht gelingt, Zweisamkeit zu leben; allein die 167 überlieferten Briefe von ihm zeugen von der Leidenschaftlichkeit und der Verzweiflung dieser Liebe.

Schon in Nyon verspürt Rilke *eine Unruhe […], die im Grunde Müdigkeit ist und noch ein Anderes: [ich weiß nicht, was zu tun mit meiner Freiheit nach den fünf Jahren Gefängnis in Deutschland].* [243] Am 24. Juli 1919 reist er ins Engadin, von St. Moritz an *in offener Kale-*

Hotel Pension Willy im Palazzo Salis in Soglio

sche. In Sils-Baseglia besucht er Inga Junghanns, die seinen *Malte* ins Dänische übersetzt. Fast zwei Monate verbringt er in Soglio, wo er fünf Tage später nach einer Postkutschenfahrt über den beeindruckenden Malojapass eintrifft und sich im Palazzo Salis einquartiert. Er bereitet seine Rede für das Schweizer Publikum vor, schreibt – wie nebenbei – das Prosastück *Ur-Geräusch* und befasst sich, typisch für ihn, eingehend mit der Geschichte der Familie von Salis.

Soglio war ein *Ansatz zur Besinnung*, ein *erster Schritt*, seine Mitte wiederzufinden, aber nun beginnt wieder die Unruhe, die Sehnsucht nach einem dauernden Refugium. Am 9. September 1919 schreibt Rilke an Sidonie Nádherný einen seiner berühmten unwiderstehlichen Briefe, die dem Adressaten praktisch keinen Ausweg lassen, als sich mit allem ihm zur Verfügung Stehenden, sei es Geld, seien es Beziehungen, für den Dichter einzusetzen. Nicht ohne Absicht beschreibt er ihr die Bibliothek im Palazzo Salis, *diesen alten rüstigen Tisch in der Mitte, den riesigen Lehnsessel, das Spinett und rings herum diese Bücher-Reihen: [...] das wäre meine Welt (wenn sie's sein dürfte!). Nun stürzt mich das natürlich in Sorge, fortzugehen und erfüllt mich mit Wehmut, indem zuletzt, was hier günstig war, nur dazu gedient hat, mir meine tiefste Entbehrung emp-findlicher vorzustellen –, aber vielleicht liegt ein Versprechen darin, daß es Ähnliches gibt und daß es mir bereitet sein wird.* Der Brief gipfelt letztlich im Aussprechen der indirekten, sich praktisch von selbst ergebenden Bitte: *Bedenken auch Sie's mit mir, gute Sidie, wie, wann, wo mir eine solche Zurückgezogenheit zu schaffen wäre.* [244]

Rilke reist am 21. September von Soglio ab, mit dem Ziel Nyon, wo sich entscheiden soll, *wielange noch [sein Bleiben] in der Schweiz wird sein können.* Auch der zweite Besuch bei der Gräfin Dobrčen-sky, auf deren Chalet l'Ermitage er so große Hoffnung gesetzt hatte, bringt keine Lösung: *Ich habe kaum Ellbogen-Breite zum Schreiben in meinem Kabinett, so wird von hier wenig Schriftliches von mir ausgehen können.* [245] Eine wichtige Voraussetzung zum Verbleiben in der Schweiz bringt ihm dieser Besuch dennoch. Die Gräfin sagt ihm eine monatliche Unterstützung von 700 bis 900 Franken zu. Seine Aufenthaltsgenehmigung ist zwar bis zum 31. Dezember verlängert worden; aber an eine Rückkehr nach Deutschland denkt er nur ungern. Eher treibt ihn der Gedanke um, *vielleicht ein kleines miethbares Haus zu finden* [246].

Am 25. Oktober 1919 ist Rilke zurück in Zürich. Sein erster, vom Lesezirkel Hottingen organisierter Vortrag – Rilke inszeniert ihn in Frack und weißen Glacéhandschuhen – findet zwei Tage später im ausverkauften kleinen Tonhallesaal statt und wird beim Publikum herzlich und in der Presse anerkennend

Rechnung aus Soglio
für «Herrn R. M. Rilke»

111

aufgenommen. Eine folgenreichende Bekanntschaft macht Rilke im Anschluss an die zweite Lesung: Er lernt die drei Jahre jüngere Frau eines Gerbereibesitzers aus Meilen, Nanny Wunderly-Volkart, kennen, die als enge Vertraute ihn bis aufs Sterbebett mit all den kleinen alltäglichen Notwendigkeiten versorgen wird. *Menschen habe ich mir mehrere zugezogen, – aber einen einzigen gewonnen, der gleich wirklich und unmittelbar nahe war, eine Frau, Mutter eines schon ganz großen Sohnes (zweiundzwanzigjährig, glaub ich) aber klein, zierlich, jung.* [247] Ihr widmet er das Sonett *O wenn ein Herz, längst wohnend im Entwöhnen,* dessen dritte und vierte Strophe er auf dem Umschlag des gerade von ihr empfangenen Briefes entwirft.

> *Hier tönt ein Herz, das sich im Gram verschwieg,*
> *und zweifelt, ob ihm dies zu Recht gebühre:*
> *so reich zu sein in seiner Armut Sieg.*
>
> *Wer h a t denn Fülle? Wer verteilt das Meiste? –*
> *Wer so verführt, daß er ganz weit verführe:*
> *Denn auch der Leib ist leibhaft erst im Geiste.* [248]

Dieses Gedicht für eine Frau, die Rilke erst ein Mal in aller Öffentlichkeit getroffen hat – wen wundert es, dass er mit einer solchen Geste jedes Herz für sich einzunehmen wusste? Die Beziehung zu ihr wird freundschaftlich vertraut; bis zum Schluss siezt er sie, nennt sie schlicht *Liebe* und später dann – nach der Siegesgöttin – *Nike*.

Die Vorlesungsreise nimmt in den nächsten fünf Wochen ihren Fortgang; am 1. Dezember 1919, dem Ende seiner Rundfahrt durch die Schweiz, résümiert er: *[…] ich begann in Zürich am siebenundzwanzigsten Oktober damit vor sechshundert Menschen, war dann der Reihe nach, immer mit größeren Zwischenpausen, vorlesendermaßen, in St. Gallen, Luzern, Basel, Bern und schloß mein kurioses öffentliches Benehmen eben, Freitag, in Winthertur ab, […]. In [Bern] las ich im Großrats-Saal vom Pulte des Präsidenten aus; vielleicht am Schönsten und Teilnehmendsten wars in Basel: die Stadt im Schnee, wunderbar, – eines der schönsten angestauntesten Häuser, ein Burckhardtsches, war mir freundschaftlich aufgetan.* [249]

Ankündigung einer Rilke-Lesung in Luzern:
«der größte Lyriker der Gegenwart»

Von entscheidender Bedeutung wird die Schweizer Lesereise durch die neuen Bekanntschaften mit Kunstliebhabern und Mäzenen, die ihm Freunde werden und ihn lebenslang unterstützen, so in Basel die zur bürgerlichen Aristokratie gehörende Familie Burckhardt, die er als Gast in deren ‹Ritterhof› kennenlernt. Zur Familie gehört Theodora von der Mühll, die Schwester Carl Jacob Burckhardts. Auch die Begegnung mit den vier Cousins der bereits zu seinen engen Freundinnen zählenden Nanny Wunderly, den Brüdern Reinhart, die es als Kaufleute im Indienhandel zu beträchtlichem Reichtum gebracht haben, ist folgenreich. Kennen lernt er sie auf der letzten Station seiner sieben Lesungen in Winterthur. Rilke wohnt bei Hans und Werner Reinhart im Haus Rychenberg; er ist begeistert: *[...] zum Schluß ist mir auch das Haus des Ältesten – Georg Reinharts – noch mit vielen bedeutenden Eindrücken zum Ereignis geworden. (Was diese Menschen für genaue und zugreifende Interessen haben, bis in's Inkommensurable hinein: Renoirs eine (wunderbare) Figur steht dort inmitten eines Rosengartens!).* [250] Besonders mit Werner wird ihn eine Freundschaft verbinden. Die Grundvoraussetzungen für sein weiteres dichterisches Schaffen wurden auf dieser Reise erst ermöglicht.

Immer unter dem Druck, endlich wieder produktiv zu werden, zugleich aber in dem Wissen, das nur unter ähnlichen Bedingungen wie in Duino leisten zu können, greift er zu drastischen Mitteln. *[…] ich habe eine Einladung provoziert, einfach provoziert, bei Leuten, die mir ganz unbekannt sind,* schreibt Rilke an Gudi Nölke am 19. November 1919. Eine Madame Bachrach hatte ihn *im Jahre zwölf oder dreizehn* nach Brüssel zu Vorlesungen eingeladen, sie war *lebhaft interessiert für Litteratur* und *sehr reich.* Nun sei ihm erzählt worden, *Bachrachs besäßen […] ein Schloß in Ascona […], im Parke dieses Schlosses stände abseits ein alter Pavillon, unbewohnt, das sogenannte Châtelet: nun, Sie verstehen, d a s wars, was mich überwältigt hat.*[251]

Rilke hat Glück – ein Telegramm und zwei Briefe Elvire Bachrachs bringen die Zusage. Endlich scheint ein ungestörter Schaffensort gefunden. Doch es kommt ganz anders. Am 8. Dezember 1919 besucht er die Bachrachs in ihrem Castello in Locarno – und ist entsetzt. Nichts ist für sein Hiersein vorbereitet. Die Wohnung ist kalt und dürftig möbliert, *sehr primitiv, zwei sehr kleine Stuben in einem kleinen Stall- und Garagengebäude* über einem *Hühnerhof.*[252] Allein das Gegacker der Hühner muss eine Zumutung für ihn sein, aber auch zwei *Umstände südlichen Wohnens* sind ihm *ganz widerwärtige Feinde […]: Steinfußböden und kleine eiserne Öfen, mit ihrem tückischen Jähzorn von Gluth und der kalten rostigen Apathie gleich hernach. Seit meiner Jugend: in Florenz, in Rom, in Viareggio, […] sind mir diese Geschöpfe verhängnisvoll gewesen.*[253] Auf diese Worte hin, die einer gewissen Ironie nicht entbehren, sucht Elvire Bachrach die Wogen zu glätten und bietet ihm etwas mehr Komfort an – doch da ist Rilke bereits in die Pension Villa Muralto umgezogen, wo er den Winter bis zum 27. Februar 1920 ausharrt.

[…] wenn es eine Schande ist, nun so schäm ich mich eben, von Äußerem so vollkommen abhängig zu sein, – ich kanns nicht ändern, ich weiß, daß ich meine Arbeiten nicht früher werde in vollem Maße aufnehmen können, als wenn ein solches refuge mir zu Hilfe kommt. […] Und daß ich alte Dinge um mich wünsche, auch das ist nicht Wählerischsein und ästhetische Ziererei, was haben die mir nicht (wie oft hab ichs erprobt!) gerade in Zeiten, da aller Verkehr aufgegeben war, für Menschlichkeit zugetragen: wieviel Mitteilung, wieviel Schicksal geht aus ihnen auf denjenigen über, der es seit Kindheit mit den Dingen gehalten hat.

Rilke an Johannes Schönburg am 12. Januar 1920. BN II, 46 f.

Es sind mehrere Faktoren, die ihn die missglückte Suche nach dem erhofften Refugium relativ gelassen hinnehmen lassen. Zunächst hat er die Sicherheit, auf das *System von Anleihen,* das ihm Mary Dobrčensky zugesagt hatte, zurückgreifen zu können. Dann gibt es seine Beziehungen zu den Reinhart-Brüdern, die Freundschaft zu deren Cousine Nanny Wunderly. Der beruhigendste Faktor ist jedoch die Aussicht auf eine neue Einladung: Einen Tag nachdem er ihr zu Weihnachten ein Heft mit Widmung und handschriftlicher Eintragung mehrerer Gedichte und Übertragungen schenkte, erhält er die erlösende Offerte von Theodora von der Mühll. Noch am 24. Dezember 1919 bedankt sich Rilke überschwänglich bei ihr für den *Vorschlag,* auf ihrem Landgut «Schönenberg» bei Pratteln (Landkreis Basel) Gast zu sein. Sein Traum von einem zweiten Duino scheint zum Greifen nahe: *[…] immer wieder [lese ich] Ihren Satz: ‹Oder sollte Ihr Wunsch wohl nach wirklicher Einsamkeit und Stille gehen?› Ja das tut er, tagelang, nächtelang, er geht nach nichts anderem.* [254]

So hat sich vorerst *alles besänftigt.* Seine besten Freunde sind in sein angefangenes, noch zu vollendendes künstlerisches Elegien-Vorhaben eingeweiht, ein ihm noch bevorstehendes Lebenswerk, für das ihm *Ordnung und Schutz* einzufordern berechtigt erscheint. Und sobald er in seinem neuen Domizil etabliert ist – mit lauter schönen Dingen wie Leuchtern, Porzellan, einem kleinen Empire-Sekretär –, beginnt er seinen Briefverkehr wieder aufzunehmen.

Doch auch im neuen Jahr 1920 wird er nicht zur Ruhe kommen. Er fühlt sich

Nanny Wunderly-Volkart

von Tag zu Tag mehr eingeschränkt [255], und der Druck der nicht geleisteten Arbeit lastet fast unerträglich auf ihm. *Gearbeitet hab ich nichts,* schreibt Rilke und meint nicht nur die Zeit in der Schweiz, sondern die *letzten fünf Jahre,* die er in einem Bild vom steilen Abgrund, wo es kein Anwurzeln geben kann, eindrücklich beschreibt: *Mir [...] bleibt nichts andres übrig, als an meinen jähen, bangen Bruchstellen des Jahres Vierzehn mich so lange und so innig anzuhalten, bis ich dran anheile, damals begann ich (seit 1912) meine großen, vielleicht größten und entscheidendsten Arbeiten, die geschützte Stelle, wo ich sie begann, hat der Krieg in einen Trümmerhaufen verwandelt über unzähligen Soldatengräbern: das alte Schloß Duino (bei Triest), wo ich so herrliche Arbeits-Tage und -Nächte hatte leisten dürfen. Das alles ist fort, samt dem mir so unentbehrlichen Paris – und doch ich mags, ich* k a n n s *nicht aufgeben, nichts, nichts davon, innerhalb der letzten fünf Jahre gibt es nicht einen einzigen Anhaltspunkt für mich, nicht einen, der Abgrund war mir so steil, daß ich an seinem Rande nicht wurzeln kann.* Noch *zwei Wintermonate* will er *auf Schweizer Boden abwarten, dann zurück –, aber wohin?* Rilke spürt jetzt deutlich die *Heimatlosigkeit des Österreichers.* [256]

Was ihm ein zweites Duino hat werden sollen, wird nur wieder Wartestation auf ein endgültiges Zur-Ruhe-Kommen. Die Zeit auf dem Gut verrinnt mit Behördengängen zur Erlangung eines gültigen Passes. Eine letzte Aufenthaltsverlängerung läuft am 30. März 1920 aus. Eine *Rückkehr* nach München würde ihm *so recht ein Rückfall in die Unannehmlichkeiten und politischen Zudringlichkeiten des letzten Frühjahrs* bedeuten.[257] Es bliebe Paris, aber er muss einsehen, dass die Wechselkurse seine Übersiedlung nach Frankreich oder auch Italien nicht zulassen. Das ganze Auf und Ab verwirrt ihn sehr. *Augenblicklich weiß ich gar nicht, was aus mir werden soll,* bekennt er der Fürstin Taxis; mit einem tschechoslowakischen Pass könne er zwar demnächst wieder reisen, aber er habe *nur noch einen kleinen Rest schweizer Franken.* [258]

Am 12. Mai 1920 ist endlich der neue Pass da; die Fürstin hat seinen dezenten Hinweis verstanden, und einen Monat später folgt er ihrer Einladung nach Italien. *Ja: Venedig: das war mein erster Anschluß ans Frühere; ich war fünf Wochen dort;* aber sein Wunsch, *alles unverändert zu finden, möglichst unverändert, ging so wörtlich in*

Erfüllung, dass ihm davor grauste. Denn: Sein *Herz [...] nahm das von einsther Gleiche auch in der gleichen Verfassung hin: und da brach eben jene Nichts-als-Wiederholung herein, die mich beinah mit Entsetzen erfüllte [...].* Diesem einer Geistererscheinung anmutenden Erleben gesellt sich noch ein reales hinzu; die Frau, deren Kontakt er im Juli 1912 gesucht hatte, taucht wieder auf: *Als ich zu allem Überfluß erfuhr, die Duse sei angekommen, krank, um in Venedig Wohnung zu suchen, da schien mir, daß auch nun dieses sich wiederholen sollte, so fürchterlich, daß ich von einem Tag zum anderen davonreiste und zurück in die Schweiz!*²⁵⁹, nach Meilen, um sich zunächst mit seiner vertrautesten Freundin, seiner Nike, zu beraten. Dann fährt er weiter nach Schönenberg. Er erholt sich dort beim Lesen der Dostojewskij-Biographie, geschrieben von dessen Tochter Aimée, die, *in den slowophilen Zusammenhängen ihres Vaters weiterlebend, den heutigen russischen Zuständen jene Auslegung gibt, die die wunderbarste und künftigste wäre: der russische ‹Mushik›, das unerschöpflich überstehende und aufbauende Element Rußlands [...], schaffe große und tiefe Anschlüsse nach dem Osten hin und bediene sich des ‹Bolschewism› nur ‹als einer Vogelscheuche›, um die Westlinge und ihre rechthaberische und störende Einmischung fernzuhalten*²⁶⁰. Rilke verfolgt die Entwicklung in seiner ersten Wahlheimat Russland mit Hoffnung, erscheint ihm doch die Zukunft Deutschlands düster und beklemmend.

Am 1. August verlässt er Schönenberg, ohne seinem Verleger auch nur das mindeste Ergebnis seines Aufenthalts in dieser Bleibe, die er mit so großen Erwartungen bezogen hatte, vorweisen zu können. Über Zürich fährt er nach Genf, zu Merline. Sechs Tage sind sie zusammen; die Hochstimmung des Neuverliebten spiegelt sich in den Bildern, die ihm die Stadt am See nunmehr vermittelt: *Genève, da kommt, wie in Paris fast, alles als Schwingung über einen.*²⁶¹ Bis in den Oktober trifft er sich immer wieder mit ihr, trägt die Zeilen «Ich bin immer bereit, du wirst mich immer da finden, wo du möchtest, dass ich mit dir sei», aus einem Brief von Merline, den sie mit «Genf, den 31. dieses glückseligsten Monats August»²⁶² datiert hat, als Talisman in seiner Brieftasche.

Anfang Oktober 1920 besucht er mit ihr den Landschaftsmaler Alexandre Blanchet – ein Besuch mit Folgen. Bei ihm sehen sie

das Ölbild «Foire au Valais», das Blanchet im Auftrag Oskar Reinharts malt; und dieser «Wald im Wallis» wird Anlass zu einem
gemeinsamen Ausflug: *Dann hab ich mir (in Sierre und Sion) den
Kanton Wallis entdeckt, staunend; soviel die Schweiz auch enthält, diese
Gegenden, die die Provence und Spanien heraufrufen, würd ich ihr nicht
zugetraut haben.* [263] Es wird noch eine Zeit dauern, aber dann wird
dieser Kanton, den er mit Merline lieben lernt, zu seiner letzten
Heimat, in der sich sein Traum und hochgestecktes Ziel der Vollendung seiner Elegien erfüllen wird.

Ab jetzt scheint alles wie nach Wunsch zu verlaufen. Der Win-
teraufenthalt ist durch eine Mitte Oktober erhaltene Einladung
nach Schloss Berg am Irchel gesichert; eine Schenkung von 1000
Lire macht es Rilke zudem möglich, sich vom 23. bis zum 30. Oktober 1920 eine Woche Paris zu gönnen. Dort angekommen, meldet er sich schriftlich sofort bei André Gide und kauft sich unter
den Arkaden des Odéon ein Notizbuch, das seine Eindrücke von
Paris festhalten soll. Doch es enthält nur einen einzigen Eintrag:
Hier beginnt das Unsagbare. [264] Denn hier erfolgt das so sehnlichst
Gewünschte: das Anknüpfen an die Jahre vor dem Krieg. *Paris!
Denn, denk nur, Lou, ich war dort! sechs Tage, Ende Oktober. Da
war von keiner Wiederholung die Rede. [...] die Anheilung vollzog sich in
der ersten Stunde, und von da ab stürzte der Strom der hunderttausend
Verwandlungen, neu und alt, unerhört und unbenennbar, durch den
großen Kreislauf des endlich hergestellten Bewußtseins. [...] ich kann Dir
nicht sagen, wie mich in diesem Moment das Glück der Heilung durchflu-
thete und überstieg, – da erst begriff ich, daß nichts verloren sei, und ein
Fortsetzen möglich sein würde, trotz des eben noch so tief unterbrochenen
Herzens.* [265] Wie bedeutsam ihm das Paris-Erlebnis ist, beweist die
Tatsache, dass er sich endlich wieder bei seinem Verleger meldet,
weil er ihm nach dem *langen Ausbleiben aller Nachrichten* nun freu-
dig mitteilen kann: *Die Verfassung, in der Sie mich nun sehen, ist die
einer freudigen Satisfaktion, – ich darf vermuten, daß mir nun, bei einiger
Zugunst der Verhältnisse, jene Fortsetzung meiner Arbeiten [...] gelingen
möchte, um die ich all die Zeit vergeblich bemüht gewesen bin.* [266]

Rilkes kluge Freundin Lou hat die Tragweite der erneuten
Wandlung im künstlerischen Werden des Dichters erkannt. Die
Fähigkeit, das Unsagbare, das Einswerden mit sich selber, die ‹Voll-

endung», nicht nur zu erleben, sondern darstellen, «sagen» zu können, das mache ihn zum Dichter, zum wirklichen Schöpfer: «[...] daß Du dergleichen s a g e n kannst! [...] denke Dir das [Erleben in Paris] als dauernde Lebensmethode, so ist ja alles drin was wir uns an göttlichen Geistern vorstellen, zeitloses Allesenthalten [...]. Daß Jemandem so was widerfährt, ist für Alle! wie für den Gäubigen die Himmelstatsache, es garantiert sie.» Und sie schließt ihren ihn bestärkenden Brief mit dem Zuruf: «Lieber Rainer, wie herrlich daß Du vorhanden bist!» [267]

Zurück in Genf, teilt Rilke seinem Verleger mit: *Ich werde eine Gastfreundschaft ausnutzen dürfen, die viel Ähnlichkeit mit jener, seinerzeit, auf Duino besitzt, weniger großartig, aber von verwandter Stille und Sicherheit: das kleine alte Schlößchen Berg am Irchel (Kanton Zürich) wird mir nebst Domestiken und Heizung für die Wintermonate zur Verfügung stehen.* [268] Am 12. November 1920 bezieht Rilke die Räume in Berg und wird dort in den nächsten sechs Monaten leben. Als Erstes arbeitet er – wie immer – seine Briefliste ab: Erst wenn diese Liste aussieht *wie ein Notenblatt,* mit lauter horizontalen Linien, weil die Namen, die er in der Reihenfolge des Eingangs auf einem Briefblock untereinander notiert hat, nun einer nach dem anderen gestrichen werden können, kann er mit der tatsächlichen Arbeit beginnen. *Als etwas recht Rühmliches liegt die Briefliste vor mir, [...] gebe der Himmel, daß ich bald vom Blatt weg den Schlußgesang anstimmen kann.* [269]

Humor und Rilke scheinen auf den ersten Blick nicht zusammenzupassen. Und doch zeigt dieser so ernst wirkende Mann gerade in seinen überraschenden Bildern Sinn für – oft selbstironisierende – Komik. *Ich bin die Raupe im C o c o n und spinne mich weiter und weiter ein, in den mir ausbrechenden Bart.* [270] Dieses fröhliche Bild eines Rilke mit Dreitagebart, das der fünfundvierzigjährige Dichter übermütig seiner Fürstin zeichnet, gibt seinen zufriedenen und gelösten Gemütszustand wieder.

Diesmal zieht er seinen Vorsatz, sich völlig zurückzuziehen, konsequent durch. Nachdem nun auch die Freunde von dieser Tatsache unterrichtet sind, bleibt ihm nichts mehr, als *diesen, bis ins letzte günstigen und zusagenden Verhältnissen das abzuringen, was sie nun wirklich erlauben und was ich (nach allen Zerstreuungen und*

Rilkes Arbeitszimmer auf Schloss Berg

Verstörungen der letzten Jahre) von mir selber dringend, unerbittlich erwarten muß. Nun ist keine Ausrede! Der Druck, der auf ihm liegt, wird mit aller Deutlichkeit spürbar. Vorherrschend ist jedoch vorerst die *wirklich immens[e]* Freude [271]. Und die ist sicherlich auch dem ihn euphorisierenden Umstand seiner heftigen Liebesbeziehung mit Merline geschuldet. In Genf hatte Rilke so etwas wie ein Familienleben kennengelernt, und es erstaunt nicht, dass Rilke durch das Zusammensein mit Merline und deren Kindern, die Französisch sprechen, auch selbst wieder ins französische Denken einsteigt. Man merkt es seiner Korrespondenz an, die er mit Merline fast ausschließlich in französischer Sprache führt, aber auch in anderen Briefen, besonders an Nanny und die Fürstin, finden sich jetzt ganze Sätze und Passagen auf Französisch.

Rilkes erstes ‹Werk› in dieser Sprache, das einiges Aufsehen erregte, ist *MITSOU. Vierzig Bilder von Baltusz. Vorwort von Rainer Maria Rilke* [272]. Es handelt sich um vierzig Tuschzeichnungen, mit denen der zehnjährige Sohn Merlines seine Erlebnisse mit einer kleinen, ihm zugelaufenen Katze und seine Trauer über ihren Verlust *heimlich [...] als eine Art Tagebuch* [273] ausdrückt. Am 26. November 1920 schreibt Rilke das Vorwort *Wer kennt die Katzen?* [274] und meldet am nächsten Tag Nanny voller Stolz: *Gestern lief ich schon seit ¹/₂ 4 draußen auf und ab, meine Préface für Balthazar K's Katzen-Erlebnis bedenkend und abends noch (bis gegen zwölf!) schrieb ich sie in einem Zuge nieder. [...] Die erste Arbeit hier, wenn mans so ernst nehmen will. Aber es hat mich gefreut, etwas Französisches hervorzubringen, französisch gedacht, nirgends in Gedanken übersetzt aus einem deutschen Einfall.*[275]

Die Arbeit kommt in Gang: Rilke schreibt, noch eher spielerisch, Verse nieder, und es entsteht nach und nach eine Sammlung von zunächst zehn Gedichten, die nur lose zusammenhängen. Er gibt ihr den Titel *Aus dem Nachlaß des Grafen C. W.* Am 30. November erzählt er seiner Nike, nicht er, Rilke, sei der Autor, sondern ein unheimlicher, längst verstorbener Vorfahr: *Sonderbar ging es mir übrigens. War ich d o c h zu allein, wußte ich nicht genug von dem Hause, seiner Vergangenheit, denen, die hier gehaust haben [...] kurz: ich wünschte mir so etwas wie die Spur eines bergischen Vorwohners, z. B. ein Heft im Bücherschrank entdeckt, eines Abends, sieh, sieh! Wer das wohl gewesen sein mag? Ich bildete mir, ganz oberflächlich, eine Figur ein, die Situation tat ein Übriges [...], da aber besagtes Heft, trotz aller Imagination, doch nicht zum Vorschein kam, was blieb übrig, als es zu verfassen?*

Diesem scherzhaften Bericht über die Entstehung lässt Rilke eine recht eindrückliche Begründung folgen, die *Aus dem Nachlaß des Grafen C. W.* durchaus als Fingerübung und Vorspiel zu den *Duineser Elegien* begreift: *[...] zu eigener Produktion noch nicht eigentlich fähig und aufgelegt, mußte ich mir, scheints, eine Figur gewissermaßen ‹vorwändig› machen, die das, was sich etwa doch schon, auf dieser höchst unzulänglichen Stufe der Concentration, formen ließ, auf sich nahm: das war Graf C. W..*[276]

Diese Worte über das ‹Vorwändig-Machen› kann man wörtlich nehmen. Denkbar ist, dass Rilke durch den Blick des anderen wie durch ein Fenster einen ‹Welt-Raum› öffnen (den Begriff *Weltraum* wird Rilke später im *Testament* verwenden) und erfahrbar machen will, der fern Zurückliegendes, Erinnertes und Heutiges zu einer Konstellation vereinigt. Hier sind Ansätze einer neuen Kunstauffassung sichtbar, die sich dem Auseinanderbrechen der Welt durch den Krieg sowie des (christlichen) Weltbildes durch

Rilke mit Baladine Klossowska (seiner «Merline»)
und deren Sohn Baltusz auf dem Beatenberg, 1922

den Gottes-Verlust entgegenstellt. Es heißt in einem Gedicht aus dem Umkreis des *Grafen C. W.: Weisst du, Gewölk von jenem offnen Grau, / durch das sich endlos Räume offenbaren / drin [...] Stern-Blicke gehn [...], die uns zuweilen treffen durch ein Grau, / aus dem wir tauchen [...].*[277] Rilkes Äußerung am Schluss des Briefes an Nanny Wunderly, der *gute Graf* habe *in seinen Nebenstunden [...] doch gewisse Vorgefühle gehabt,* bezeugt zumindest sein Bewusstsein, sich einmal in aller Leichtigkeit seinem schweren Vorhaben gestellt zu haben. Mehr noch. Das Gedicht *Nike*, ebenfalls im Dezember 1920 entstanden, umschreibt gleichsam sein eigenes *Vor-Gefühl*, dem Sieg nahe zu sein:

NIKE
Zu einer antiken Figur:
(kleine Nike an der Schulter des Helden)

DER *Sieger trug sie. War sie schwer? Sie schwingt*
wie Vor-Gefühl an seinem Schulterbuge;
in ihrem leis ihm eingeflößten Fluge
bringt sie den Raum ihm l e e r, den er v o l l - b r i n g t.

Sie wandelt Weite um in ein Gefäß,
damit sein Handeln nicht im Wind zerstiebe.
Sie flog zum Gott ‒, und zögert ihm zu liebe,
und ihr zu lieb wird er dem Maß gemäß. [278]

Zu Weihnachten schenkt Rilke der schwesterlich vertrauten Nanny Wunderly, seiner Nike, das Gedicht. Während im Mythos – wie
auch in Rilkes *Requiem* für seine frühverstorbene Freundin Paula
Modersohn-Becker – die kleine Siegesgöttin sich *weghebt*, so *zögert*
sie hier, und zwar *ihm zu liebe.*

Bis in den Dezember hinein arbeitet Rilke parallel noch an
einem Gedicht in italienischer Sprache mit dem *herrlich-groß-
thuerischen* Titel *Die Geburt des Lächelns.* Der erste Versuch besteht
aus vier Zeilen auf Italienisch. Dazu schreibt er Nike: *Das Deutsch
ist mir widerwärtig heute und zweideutig ‒, ich habe ein italiänisches
Gedicht angefangen […] aber ich kann kein Italiänisch, schon wollt ichs
dem Grafen C. W. zuschreiben, der kann scheinbar auch keins: vier ent-
zückende Zeilen stehen da.* Nachdem er nicht weiterkam im Italienischen und die *vierzeilige Seifenblase […] im glücklichsten Irisieren
zerplatzte* [279], unternimmt er den Versuch auf Deutsch, für das
Lächeln einen Entstehungsmythos zu schaffen. Erzählt wird die
anrührende Geschichte, wie das Lächeln entsteht als Zeichen, dass
der Geist sich im Körper wohlfühlt.

Rilke tastet sich vor; er versucht sich an einer Elegie. Kindheit
ist das zentrale Thema. Anlass zu diesem Gedichtprojekt dürfte
ein Brief gewesen sein, den er nur allzu gern verdrängen möchte,
der Versuch des Generalmajors Cäsar von Sedlakowitz, eines ehe-
maligen Lehrers der Militärrealschule St. Pölten, mit ihm Kontakt
aufzunehmen. Noch immer sind *Emotionen* und *innere Bewegtheit*

im Spiel, als er ihm voller Bitterkeit antwortet: *Ich hätte [...] mein Leben [...] nicht verwirklichen können, wenn ich nicht, durch Jahrzehnte, alle Erinnerungen an die fünf Jahre meiner Militärerziehung verleugnet und verdrängt hätte; ja was hab ich nicht alles für diese Verdrängung getan!*[280] Mit dem Entwurf der Elegie *Lass dir, daß Kindheit war, diese namenlose / Treue der Himmlischen, nicht widerrufen vom Schicksal [...]*, setzt Rilke der Klage und Bitternis ein *dennoch* entgegen [281] und rettet sich schreibend zurück in die Gegenwart, die ihm doch immerhin schon kleine ‹Siege› eingebracht hat; so etwa auch das *schöne (ägyptische)* Gedicht *In Karnak wars...*, das ebenfalls zu den Versen *Aus dem Nachlaß des Grafen C. W.* gehört.

Am 16. Dezember 1920 atmet Rilke in einem langen Liebesbrief an Merline auf: *Ich habe alle ‹Vor-Arbeiten› jetzt fast abgeschlossen [...] –, denk nur, ich schrieb (heut morgen hab ich sie gezählt) 115 Briefe, nicht alle so lang wie der an den General S., aber keiner hatte weniger als vier Seiten und viele enthielten acht oder gar zwölf.* Diese unglaubliche Schreibleistung enthält weder die Widmungsgedichte noch die *vorläufige Produktivität* und erst recht nicht die Briefe an Merline selbst, denn das ist für ihn *kein Schreiben, das ist ein Atemholen mit der Feder.* Rilke schreibt den ganzen Tag an sie, eine ‹Heiligung› der Geliebten, wie sie wohl so kaum je *von Liebenden geschrieben* wurde. Und dennoch gilt auch für diese außerordentliche Beziehung zu Merline ein in seinem *Gewissen* verankertes *unerbittlich gebietendes Gesetz: mich in mich zu verschließen und mit einem Zuge diese Aufgabe zu vollenden, die mir in meines Herzens Mitte hineinbefohlen ward. Ich gehorche –, denn [...] ich habe kein Recht, meine Willensrichtung zu verändern, bevor ich nicht mein Werk der Demut und des Gehorsams beendet habe!* Durch die Beschwörung eines außerhalb seines Willens ihm auferlegten *Gesetzes* macht er sich unangreifbar gegen Wünsche des Zusammenseins. Unter seinem Schutz kann er sogar seine Sehnsucht, die ihn *unaufhörlich* zu ihr zöge, eingestehen. Zugleich hält er sie aber mit überschwänglichem Dank für ihre Einsicht auf Distanz: *Aber ach, Liebe, wie sehr weiß ich Dir Dank, daß Du in Deinem gestrigen Brief, mutig und tapfer, mich ermunterst [allein in Berg] z u b l e i b e n !*

Der Brief, der so viel über den Schreiber in dieser verzwickten Situation aussagt, schließt mit der Vision einer Zeit des Zusammenseins nach getaner Arbeit. *Es wird ein Traum, ein Glückstraum, sein, Merline, Dich hier zu haben, endlich […]! Ich hoffe, dann einen Teil meiner lieben und sorgenvollen Arbeiten beendet zu haben. Leb wohl, Freundin, leb wohl, / sei besorgt um Dich, / lieb Dich / für René.*[282] Ihr gegenüber nennt er sich nicht mehr mit dem Namen, den Lou ihm gab, Rainer, sondern René, der ‹Wiedergeborene›. Trotz aller Beteuerung seiner Sehnsucht kann Merline ihn nicht für ein Familien-Weihnachten gewinnen, Rilke verlebt Weihnachten allein auf Schloss Berg. Er schickt ihr seine Bücher, unter anderem *Das Stunden-Buch*, sie schenkt ihm eine lateinisch-französische Ausgabe von Ovids «Metamorphosen» – was nicht ohne Auswirkungen auf Rilkes Arbeit bleiben wird. Am letzten Tag des Jahres schreibt Rilke den üblichen Weihnachtsbrief an Lou, beschreibt die drei wichtigsten Stationen: Venedig – Paris – Berg. Kein Wort über seine neue Liebe. Alles scheint in bester Ordnung.

Doch mit dem neuen Jahr bricht das *Verhängnis* über ihn herein, das seine Hoffnung, die Elegien in diesem Winter zu vollenden, zunichtemachen wird. Merline erkrankt. Rilke eilt am 6. Januar 1921 nach Genf an ihr Krankenbett und bleibt bei ihr. Als sein Verleger den mehrfach verschobenen Besuch zum 23. Januar ansagt, nimmt Rilke Merline mit nach Berg, um Kippenberg dort zu empfangen. Doch Anfang Februar, nach einer glücklichen Woche, in der er sie pflegt und ihr den *Cornet* vorliest, von dessen rasantem Absatz sie Kippenberg hat berichten hören, schickt Rilke Merline zu den Kindern nach Genf zurück.

Sie ist über die Trennung von ihrem Geliebten untröstlich und erwägt, die Schweiz zu verlassen. Rilke sucht sich zu verteidigen: *Was soll ich denn thun? Soll ich alles hinwerfen hier, diesen Schutz, diese Ruhe, die mir in stiller Vollendung meiner unterbrochenen Aufgaben die Heilung aus dem Verhängnis jener sechs Jahre zu gewähren schien? Wozu würde es Dir jetzt helfen, da ich doch nirgends eine richtige Stelle des Daseins habe und sie nie gewinnen werde, wenn ich meine Arbeit im Stich lasse.*[283] Eindeutiger könnte er seiner Geliebten nicht vermitteln, dass nicht sie, sondern nur seine *Arbeit* ihm die *richtige Stelle des Daseins* bedeutet. Sie sieht für sich keinen Ausweg mehr; die finanziellen Schwierigkeiten und die ungeklärten Verhältnisse ihrer Beziehung zu Rilke wachsen ihr über den Kopf; sie will zu-

Ein Nachmittag im Garten von «Fluh» nach einer Idee von Rilke.
Aquarellierte Tuschzeichnung von Alice Bailly, etwa 1923

rück nach Berlin zu ihrem Bruder. Für ein vorerst letztes gemein-
sames Wochenende holt Rilke schließlich die Verzweifelte noch
einmal zu sich. Den 12. und 13. Februar verbringt Merline bei
ihm in Berg. Während sie ihn zeichnet, liest Rilke ihr Paul Valérys
Gedicht «Le Cimetière marin» («Friedhof am Meer») vor. Valéry,

dessen Biographie Rilke schon deshalb interessiert, weil auch er seine dichterische Tätigkeit für zwanzig Jahre aussetzte, lässt ihn nicht mehr los. Er übersetzt von 1921 bis 1923 sechzehn der 24 Gedichte aus der Sammlung «Charmes», die 1925 erscheinen. Noch in seinem Todesjahr schlägt Rilke seinem Verleger Kippenberg eine Gesamtausgabe Valérys im Insel-Verlag vor.

Oft war es Merline, die ihn zu neuen Übertragungen aus dem Französischen anregte und ihn auch zu eigener französischer Produktion animierte. An diesem Wochenende, Mitte Februar 1921, werden die Fronten geklärt: Solange er sein dichterisches Vorhaben nicht realisiert hat, werden sie sich nicht sehen; nur schriftlich wollen sie verkehren. Aufatmend schreibt Rilke der Fürstin Taxis, der er sich besonders verpflichtet fühlt, die bei ihr in Duino begonnenen Elegien zu vollenden: *Immerhin, ich bin endlich wieder hier, – und nehme nun noch einmal den großen Anlauf, der mich im Dezember schon fast bis an den Sprung herangeschwungen hat.* [284] Mit Merline will er das Thema nicht mehr erörtern – *[sprich mir nie mehr von den Elegien – – ich flehe Dich an!]* – und bittet sie nochmals eindringlich: *Laß mich nun, Liebste, laß mich die nächsten Monate, solang mir diese Zuflucht vergönnt ist, mein Leben ordnen und klären.* [285]

Sein *Leben ordnen und klären*, die *Stelle des Daseins* finden – darum geht es ihm jetzt. Schreibend und sich im Schreiben reflektierend, muss er sich seines Standpunkts, seiner *Stelle* immer neu vergewissern, um nicht ins Bodenlose zu stürzen. Das ist der Preis des *Sich-Öffnens* und des Ausdehnens der Grenzen ins Unendliche, in den *Weltraum*. Doch gerade diese ‹Freiheit› anzuerkennen und auszuhalten und sie in der Kunst und durch die Kunst erfahrbar zu machen macht die Größe und Faszination der Rilke'schen Dichtung aus.

Rilke ist sich bewusst, dass er Menschen, dass er die Liebe eines Menschen benutzt, und er erkennt durchaus die positive Wirkung der Geliebten auf ihn an, wenn er Merline schreibt: *Deine Liebe hat in gewissen Stunden unendlich mitgewirkt an meiner Bestärkung – tagelang verdanke ich meine Zukunft ihrer Weite und Herrlichkeit. Aber,* so fährt er fort, *die Entscheidungen fallen nur im Alleinsein.* [286] Dieses große «Aber» bildet den Grundkonflikt seines

Lebens: *Jeder erlebt schließlich nur einen Konflikt im Leben, der sich nur immer anders vermummt und anderswo heraustritt –, der meine ist, das Leben mit der Arbeit in einem reinsten Sinne zu vertragen; wo sichs um die [...] Arbeit des Künstlers handelt, da stehen die beiden Richtungen wider einander.*[287] Er will lieben dürfen und er will Dichter sein. Dazu aber muss er seiner ersten ‹Geliebten›, der *Einsamkeit*, die Treue halten. Den Vorwurf, egoistisch zu sein, kann Rilke nur entkräften durch sein Werk. Nur das geleistete Werk rechtfertigt ihm erst im Nachhinein sein so grausam erscheinendes Sich-Freimachen aus jeglicher Bindung. Für Rilke selber konnte diese Zeit der Produktivität des Winters 1921 mit seinen nicht immer vollauf überzeugenden Ergebnissen keine Erleichterung, geschweige denn die Erlösung bringen; zu sehr war er fixiert auf die Elegien. Es war – auch diesmal – wieder nur bei einem Anlauf geblieben, der große Sprung hin zu seinem *Herz-Werk* gelang nicht.

Am 9. April 1921 verlässt Baladine Klossowska mit ihren Kindern die Schweiz. Ihre Bitte, dass sie sich in Berg am Irchel noch einmal sehen, lehnt Rilke ab. Und doch ist sie nicht bereit aufzugeben: «Wenn ich jetzt mutig bin, so ist es, weil ich irgendwie hoffe, Dich doch im Sommer zu sehen. Alles will ich aushalten für diese Möglichkeit [...].»[288] Rilke weiß, ihm bleibt nicht viel Zeit, auch er muss spätestens gegen Ende Mai Berg verlassen, weil es langfristig vermietet wurde. Doch am nächsten Tag wird ihm im wahrsten Sinne des Wortes die Hoffnung zersägt, jetzt in Ruhe arbeiten zu können: *Da eben die Beziehungen zur Geliebten so weit beruhigt waren, daß ich voraussehen konnte, ich würde mir eine Weile mit ungetheilter Aufmerksamkeit gehören dürfen, entstand drüben, am Ausgange des Parkes, ein kleiner Bau, den ich für eine Scheune hielt und nicht weiter beachtete. Indessen es wurde ein elektrisches Sägewerk daraus, und nun ist es schon seit zehn Tagen, unermüdlich surrend und schwirrend, im Gange. Meine Stille ist zerstört. [...] Die Zeit des Wirkens ist vorüber. Nun spricht die Säge.*[289]

In unzähligen Briefen an Merline versucht Rilke, sein Verhalten zu rechtfertigen. Und diese Briefe wird er nutzen und benutzen, um aus ihnen und letztlich aus seiner und Merlines Liebe ‹Kunst› zu machen: Zutiefst davon überzeugt, wieder einmal versagt zu haben, in der Dichtung wie auch im Privatleben, fasst Rilke vierzehn Tage nach Merlines Weggang eine Reihe von Aufzeichnungen und Briefentwürfen zusammen zu einem Resümee unter dem Titel *Das Testament.*

Auch in dieser Schrift gibt es einen fiktiven ‹Berichterstatter›, der in einer Art Vorwort die Lebensumstände des *Schreibers* zum Verständnis der ihm zugefallenen *losen Blätter* zusammenfasst. Während jedoch die Rollen-Gedichte des längst verstorbenen Grafen C. W. es dem Autor ermöglichen, eine Distanz zu suggerieren, hinter dem sich wie hinter der Wand eines Paravents Eigenes und Persönlichstes gestalten lässt, ist im *Testament* die Krisensituation des Autors Rilke sehr direkt ablesbar – was wohl auch der Grund ist, weshalb die Veröffentlichung lange Zeit (bis 1975) zurückgehalten wurde. *Das Testament* ist das Dokument eines Scheiterns. In ihm legt Rilke im Bewusstsein seiner Verantwortung gegenüber all seinen geduldigen Mäzenen, Gönnern und Freunden wie vor einem *Gericht* sein Gewissen offen und bittet letztlich um *Schonung.* Der im *Testament* bezeugte ‹Wille› ist in dem Sinne ein letzter, als dass er endgültig ist, ein ‹unhintergehbarer Wille›, der Wille seines Daseins überhaupt.

Dem Text hat Rilke ein Motto von Jean Moréas vorangestellt: «Den aber klage ich an, der an der Straßen Scheide sein Ziel verleugnet hat.»[290] Und Rilke geht seinen Weg zielstrebig. Aber gleichzeitig kämpft er um Verständnis für ihn. Mag auch die Formulierung in manchen Briefen, ja selbst im *Testament* den Anschein erwecken, die Schuld an seinem Versagen träfe Merline, in dem das *Testament* abschließenden *Briefentwurf* bringt Rilke eindeutig zum Ausdruck, dass es keine Anklage gegen sie ist. In einer an Hölderlin erinnernden Wendung lässt er eine schicksalhafte Tragik anklingen, von der beide Liebende betroffen sind: *Wem, Geliebte, wem, wenn nicht Dir, soll ich diesen schweren Abschluß meines Herzens anvertrauen? Wenn er Dich in Noth versetzt, bedenke, wie groß die Noth sein muß, aus der hinaus ich das Folgende aufschreibe. / Ich habe Unrecht gethan; Verrath. Ich habe die Umstände, die mir nach sechs Jahren der Zerstörung und Hinderung mit B[erg] geboten waren, nicht ausgenutzt für die unaufschiebbare innere Aufgabe; sie ist mir vom Schicksal unter den Händen entwunden worden. Das muß ich mir nun* eingestehen. / *Du weißt, Liebe, wie mir jene Umstände [...] zusagten, wie entschlossen ich sie antrat. Du wolltest das Deine thun, sie mir zu schützen: es ist uns nicht gelungen.* [291] Diese Worte, zu einer Dichtung ausgeformt für alle, sind doch einer Einzigen, Lebendigen geschuldet. *Seelige* nennt Rilke die Frau, die seinem *großen Geworfensein* zustimmt: *Ausgesetzt wie ich bin, wollte ich auch sie [die Liebende] nicht v e r m e i d e n ; aber ich sehnte mich, sie zu durchdringen! Daß sie mir Fenster sei in den erweiterten Weltraum des Daseins ... (nicht Spiegel.)* [292] Da ist sie ausgesprochen, die neue Sicht der Dinge – geboren aus der Liebe. Die Liebe zur Geliebten darf nicht ausgespart werden, sie ist das *Fenster,* durch sie erst gewinnt die Sicht des Dichters eine weitere Dimension, und es gilt, diese Grenzen immer weiter auszudehnen, um den *Weltraum,* der letztendlich die Unendlichkeit einschließt, (er)fassen zu können.

Am 10. Mai 1921 holt Nike Rilke in Berg ab. Sie bringt ihn mit dem Auto nach Etoy, Le Prieuré, *ursprünglich eine Augustiner-Probstei aus dem XIIIten Jahrhundert* [293]. Nach Wochen der Verzagtheit schöpft er hier neue Zuversicht und glaubt, für die *alte Feindschaft* von *Leben* und *Arbeit* eine Lösung gefunden zu haben. Das *Verhängnis* sei doch eigentlich nichts anderes als das *Zusammenfallen zweier Glückseligkeiten,* schreibt Rilke am 26. Mai 1921 an Merline, *Das Testament* ankündigend. Da heißt es: *Es giebt, ich weiß es wohl, eine Größe des reinen Verhängnisses, die so weit über uns hinausgeht, daß es uns nicht einmal verstattet ist, innerhalb ihrer eine Schuld auf uns zu nehmen. Es ist uns, und auch Dir, Geliebte, nichts Kleines, nichts Herabsetzendes widerfahren, sondern z u G r o ß e s : wenn es also eines Trostes bedarf, so sei es dieser, – alles übrige, was es für mich sein mag, mußt Du mir überlassen! ich kann es weder teilen noch darüber reden –, eines Tages werden Dir ja die Noten, die ich in der vorletzten Woche auf Berg aufgeschrieben habe, einiges mitteilen: das Letzte steht auch dort nicht, Gott verhüte, daß es je in Worte käme, ich würde sie nicht ertragen.* [294]

Merline, die von Berlin aus Möglichkeiten sucht, wo man «für 100 Frs leben» könne, erhält überraschend Rilkes Aufforderung: *Mein Liebling, ich schreibe Dir nur ein einziges Wort, komm, komm, komm!* [295] Am 17. Juni trifft Merline in Etoy ein. Glücklich machen sie sich auf nach Genf, nach Lausanne, ins Wallis, um gemeinsam nach einer neuen Bleibe zu suchen. Da geschieht am 30. Juni 1921 das *Wunder: [...] denken Sie!*, berichtet er seiner Nike überschwänglich, *im Schaufenster des Coiffeur-Bazar, [...] wo man täglich vorüberkommt, die Photographie eines Thurmes oder Schlößchens [...] – denken Sie! – mit der Aufschrift: [zu verkaufen oder zu mieten: Liebe, das ist vielleicht mein Schloss in der Schweiz, vielleicht!]*[296] Noch ist da dieses *vielleicht*, und es gibt viele Hindernisse, die vor allem in Rilkes fast panikartiger Angst, sich festzulegen, begründet sind. Kaufen kann er es nicht, mieten auf wie lange? Doch wozu hat man Freunde; er verkündet allen: Das ist die richtige *Umgebung für einen Elegien-Winter!*[297] Und so löst sich auch dieses Wohnproblem: Werner Reinhart mietet den Turm und wird ihn später kaufen.

Trotzdem gibt es viel zu tun, bis Rilke einen *Wohnversuch in diesen etwas harten Burgverhältnissen, die sich einem anlegen wie eine Rüstung*[298], wagen will. Er schickt die eifrig um sein Wohl bemühte Merline voraus; sie zieht am 20. Juli in den Turm von Muzot ein, er folgt sechs Tage später. Alles wird nach seinen Wünschen gerichtet – viele Kerzen müssen her, denn es gibt keine Elektrizität, ein Stehpult wird in Auftrag gegeben, aber auch nach Brief-

Der Turm von Muzot

papier verlangt er mit dem stolzen Aufdruck «Château de Muzot / sur Sierre / Valais». Bis zum 8. November 1921 lebt Merline
mit ihm zusammen im Turm; eine gute, gemeinsame Zeit, von der
ein Aquarell erzählt, das Merline von dem schlafenden Geliebten
auf seinem kleinen Sofa in Muzot gezeichnet hat. Dieser ‹Außen-
ansicht› fügt Rilke *die gleichzeitige ‹Innen-Ansicht›* in einem kleinen
Gedicht hinzu, das nun nicht dem Verhängnis, sondern dem *Gram* –
passend für ihre Situation, in der Rilke sich auf seine *Einsamkeit*
und Merline sich auf ihre Abreise vorbereitet – einen positiven,
lebensbejahenden Sinn zuschreibt:

> Der *Gram ist schweres Erdreich. Darin*
> *wurzelt dunkel ein seliger Sinn,*
> *daß er sich blühend entringe [...].* [299]

Merline hat den Geliebten nicht von einem produktiven Zusam-
menarbeiten überzeugen können; als eine Haushälterin gefunden
und von Nanny Wunderly eingestellt worden ist, muss sie gehen.
Wieder einmal schickt er sie weg, wenn auch in der Hoffnung, sie
nicht zu verletzen: *[...] vielleicht gelingt es mir [...], nicht wehzutun und
das Meine doch wieder in seine Rechte zu setzen.* [300] Bemerkenswert
ist, dass sich in dieser Zeit kaum Krankheitssymptome zeigen und
dass die heitere, fast spaßige Leichtigkeit der Briefe aus Berg jetzt
einem gesammelten Ernst weicht.

    Endlich mit sich allein, macht er sich zunächst wieder an die
Aufarbeitung seiner Briefschulden, was immer auch einer Samm-
lungsphase gleichkommt. Eine alte Bekannte, Gertrud Ouckama
Knoop, hatte sich gemeldet, und Rilke schreibt ihr einen langen,
etwas bemüht wirkenden Brief, dem er Nähe und Mitgefühl zu
verleihen sucht durch die Bitte um ein kleines Andenken an die
vor zwei Jahren neunzehnjährig verstorbene Tochter Wera, eine
Freundin von Ruth. Als Antwort erhält er kommentarlos am
1. Januar 1922 ein Paket mit den Aufzeichnungen der Mutter über
Krankheit und Sterben der Tochter. Der Tod dieses jungen Mäd-
chens wird zum Anlass für Rilke, seinen im kommenden Monat
entstehenden *Sonetten an Orpheus* den Untertitel *Geschrieben als ein
Grab-Mal für Wera Ouckama Knoop* zu geben.

Der Februar 1922 bringt für Rilke endlich den bahnbrechenden Sieg. Die Last der unvollendeten Elegien ist abgeworfen, sie haben sich zum Zyklus der zehn vorgesehenen Gedichte gerundet und stehen nun auf dem Papier, vollendet und vollkommen. *Merline, [ich bin gerettet,]* schreibt er jubelnd in der Nacht auf den 10. Februar seiner Geliebten. Und an seine Nike: *[...] wie sind Sie doch sicher vorangeflogen, unbeirrt ... immer ... und haben dem Geist den Raum seines Athmens offen gehalten – Der Sieg! Der Sieg! [...] Nike, ach, daß ich dies noch erleben durfte, – was erleben: sein, es sein, das Un-geheuere!*[301] Todmüde und kaum noch fähig, die Feder zu halten, wird spätabends auch der Verleger noch voller Dankbarkeit benachrichtigt: *Ich bin überm Berg! Endlich! Die ‹Elegien› sind da. [...] Das ganze soll heißen: Die Duineser Elegien. Man wird sich an den Namen gewöhnen. Denk ich. Und: mein lieber Freund: d i e s : dass S i e mirs gewährt haben, mirs geduldet haben: z e h n Jahre! Dank! Und immer geglaubt: D a n k !*[302]

Doch es gilt noch mehr zu bejubeln: einen Zyklus von 25 Sonetten, die sich ihm vor den Elegien noch *geschenkt* haben; sie gehen fast unter in der Freude über die Elegien. Am 7. Februar 1922, am Tag des Beginns der erneuten Arbeit an den Elegien, schickt Rilke an Ouckama Knoop den ersten Teil der *Sonette an Orpheus*: *Sie werden beim ersten Einblick verstehen, wieso Sie die Erste sein müssen, sie zu besitzen. Denn, so aufgelöst der Bezug auch ist (nur ein einziges Sonett, das vorletzte, XXIVᵉ [...], ruft Weras eigene Gestalt), er beherrscht und bewegt den Gang des Ganzen [...].*[303]

Rilke selbst misst den Sonetten, die sich wie nebenbei ergeben haben, anfangs kaum große Bedeutung bei. Auch nicht, als sich noch ein zweiter Teil in der Zeit vom 15. bis zum 23. Februar 1922 einstellt: *So wie damals neben den ersten großen «Elegien» (auf Duino), in vor- und nachbewegten Nebenstunden, das «Marien-Leben» sich einstellen mochte, so ist diesmal eine Reihe von (etwas über fünfzig) Sonetten entstanden [...].* Erst vier Monate später wird ihm klar: *Und die Sonette, die ich neben ihrem älteren und erhabenen Geschwister, den «Elegien», etwas leicht nahm, haben erst Sie mir, Fürstin, hat mir die wunderbare Art Ihres Hörens, in ihrer ganzen Bedeutung geschenkt.*[304] In der Fürstin Taxis hatte er schon in Duino eine geduldige und aufmerksame Zuhörerin. Ihrem Urteil vertraute er. Sie hat den Wert

STILLER Freund der vielen Fernen, fühle,
wie dein Atem noch den Raum vermehrt.
Im Gebälk der finstern Glockenstühle
laß dich läuten. Das, was an dir zehrt,

wird ein Starkes über dieser Nahrung.
Geh in der Verwandlung aus und ein.
Was ist deine leidendste Erfahrung?
Ist dir Trinken bitter, werde Wein.

Sei in dieser Nacht aus Übermaß
Zauberkraft am Kreuzweg deiner Sinne,
ihrer seltsamen Begegnung Sinn.

Und wenn dich das Irdische vergaß,
zu der stillen Erde sag: Ich rinne.
Zu dem raschen Wasser sprich: Ich bin.
«Die Sonette an Orpheus»,
II / XXIX. SW I, 770 f.

auch der Sonette erkannt. Dass er dieser langjährigen Gönnerin, der er das glückliche Beginnen auf Duino und letztlich auch die Vollendung verdankt durch ihre Mahnung zur Geduld im letzten Sommer, dass er ihr nun das nach zehn Wartejahren endlich so großartig gerundete Elegien-Werk zueignet, ist mehr als verständlich. Überschwänglich schreibt er ihr: *Das Ganze ist Ihr's, Fürstin, wie sollts nicht! Wird heißen: Die Duineser Elegien Im Buch wird (: denn ich kann Ihnen nicht geben, was Ihnen, seit Anfang, gehört hat) keine Widmung stehn, mein ich, sondern: ‹Aus dem Besitz ......›.*305

Die *großen Engelsgedichte* stellen hohe Anforderungen an die Verständnisbereitschaft der Leserinnen und Leser; sie öffnen sich in ihrer Bedeutung nicht auf Anhieb. So ist es nicht verwunderlich, dass Rilke in den nächsten Jahren immer wieder um Verständnishilfen gebeten wird. Rilkes ausführlichster Kommentar zu den Sonetten und Elegien findet sich im Brief an seinen polnischen Übersetzer Witold Hulewicz: *[...] bin ich es, der den Elegien die richtige Erklärung geben darf? Sie reichen unendlich über mich hinaus. Ich halte sie für eine weitere Ausgestaltung jener wesentlichen Voraussetzungen, die schon im ‹Stundenbuch› gegeben waren, [...] und die dann im Malte, konflikthaft zusammengezogen, ins Leben zurückschlagen und dort beinah zum Beweis führen, daß dieses so ins Bodenlose gehängte Leben unmöglich sei. In den ‹Elegien› wird, aus den gleichen Gegebenheiten heraus, das Leben wieder möglich, ja es erfährt hier diejenige endgültige Bejahung, zu der es der junge Malte [...] noch nicht führen konnte.* So gelte es, führt Rilke weiter aus, *alles Hiesige nicht [...] schlecht zu machen und herabzusetzen, sondern gerade, um seiner Vorläufigkeit willen [...] sollen diese Erscheinungen und Dinge [...] be-*

Stiller Freund der vielen Fernen, fühle,
wie dein Atem noch den Raum vermehrt.
Im Gebälk der finstern Glockenstühle
laß dich läuten. Das, was an dir zehrt,

wird ein Starkes über dieser Nahrung.
Geh in der Verwandlung aus und ein.
Was ist deine leidendste Erfahrung?
Ist dir Trinken bitter, werde Wein.

Sei in dieser Nacht aus Übermaaß
Zauberkraft am Kreuzweg deiner Sinne,
ihrer seltsamen Begegnung Sinn.

Und wenn dich das Irdische vergaß,
zu der stillen Erde sag: Ich rinne.
Zu dem raschen Wasser sprich: Ich bin.

«Die Sonette an Orpheus», II/XXIX. Handschrift des Dichters

griffen und verwandelt werden. *Verwandelt? Ja, denn unsere Aufgabe ist es, diese vorläufige, hinfällige Erde uns so tief, so leidend und leidenschaftlich einzuprägen, daß ihr Wesen in uns ‹unsichtbar› wieder aufersteht.* Diese Verwandlungsarbeit ist im *Hiesigen* angesiedelt. Darum warnt er seinen Übersetzer: *Wenn man den Fehler begeht, katholische Begriffe des Todes, des Jenseits und der Ewigkeit an die Elegien oder Sonette zu halten, so [...] bereitet sich ein immer gründlicheres Mißverstehen vor.* Ausdrücklich beschwört er jeden Leser: *Der ‹Engel› der Elegien hat nichts mit dem Engel des christlichen Himmels zu tun (eher mit den Engelgestalten des Islam)... Der Engel der Elegien ist dasjenige Geschöpf, in dem die Verwandlung des Sichtbaren in Unsichtbares, die wir leisten, schon vollzogen erscheint.*[306] Engel wären also, so könnte man diesen Definitionsversuch zusammenfassen, vom Menschen erfundene Vor-Bilder, die als *Spiegel* fungieren, indem sie dem Menschen zeigen, was er sein könnte. *Spiegel : die die entströmte eigene Schönheit / wiederschöpfen zurück in das eigene Antlitz,* heißt es in der zweiten Elegie. Der Mensch hat sich einen Himmel, ein Paradies erfunden, die christliche Religion hat diese Vision ins ‹Jenseits› befördert und den Tod als Grenze gesetzt. Diese Grenze gilt es wieder aufzuheben, das Schöne des Jenseits ins Diesseits zurückzuholen. Wer wäre dazu mehr prädestiniert als der Dichter?

Rilke unterstreicht am Ende seines Briefes an Hulewicz die *Aufgabe,* die uns die Elegien stellen: *[…] im Sinne der Elegien, sind wir diese Verwandler der Erde, unser ganzes Dasein […] befähigt uns zu dieser Aufgabe (neben der keine andere, wesentlich, besteht),* und er fügt in Klammern hinzu: *Die Sonette zeigen Einzelheiten aus dieser Tätigkeit.* In dieser Weise würden *Elegien und Sonette […] einander beständig* unterstützen.[307]

Ich bin – mit diesen erleichterten Worten schließen die Sonette ab und bezeichnen genau Rilkes Zustand nach Vollendung seiner Elegien. *Jetzt weiß ich mich wieder. Es war doch wie eine Verstümmelung meines Herzens, daß die Elegien nicht da-waren. / Sie sind.* Sie sind, schreibt Rilke an Lou, und er zitiert die Anfangsverse der *sehr, sehr, sehr herrlichen* zehnten Elegie: *Dass ich dereinst an dem Ausgang der grimmigen Einsicht / Jubel und Ruhm aufsinge zu-stimmenden Engeln.*[308]

Doch Rilkes eruptive Produktion geht weiter. Einen Tag nach seinem Brief an Lou und noch vor dem Abschluss des zweiten Teils der Sonette beginnt er eine Prosaschrift, den *Brief des jungen Arbeiters.* Auch dieser Text ist ein *vorwändiger,* insofern nicht Rilke selbst, sondern eben der junge Arbeiter spricht. Der *Brief* ist jugendlich-trotziger Protest, ein ‹Aufschrei› der Empörung, der auf das Leben verweist und damit indirekt auf das, was es sein könnte: die Vorstellung eines *hiesigen* Lebens, das ohne christliche Transzendenz auskommt und sich jene Seligkeiten zurückerobert, die das Christentum erst für das Jenseits verspricht. *Laßt uns endlich dieses Erlöstsein* antreten, fordert Rilkes junger Arbeiter, *[d]as Hiesige recht in die Hand nehmen, herzlich liebevoll, erstaunend, als unser, vorläufig, Einziges.* Und dann benennt er in offener Kampfansage das, was *das Christentum dem Irdischen meinte bereiten zu müssen* und was die *schlimmsten* Auswirkungen auf das menschliche Leben gehabt habe: die *Herabsetzung* der ‹sinnlichen› *Liebe: Es ist mir, wenn ich es sagen darf, immer unbegreiflicher, wie eine Lehre, die uns d o r t ins Unrecht setzt, wo die ganze Kreatur ihr seligstes Recht genießt, in solcher Beständigkeit sich, wenn auch nirgends bewähren, so doch weithin behaupten darf.*

Die Verdrängung der geschlechtlichen Liebe aus dem Zentrum des Lebens in den Bereich der Schuld trenne den Menschen *von der ganzen übrigen Natur, ja sogar von dem Kind.* Der selige Zustand der kindlichen Unschuld bestehe nicht darin, *daß es, sozusagen, kein Geschlecht kenne, […] sondern […] jenes unbegreifliche Glück, das uns an e i n e r Stelle erwacht mitten im Fruchtfleisch der geschlossenen Umarmung,* bei ihm *noch in seinem ganzen Körper überall namenlos verteilt* sei. In dem Satz: *Einmal waren wir ü b e r a l l Kind, jetzt sind wirs nur noch an einer Stelle,* bezeichnet Rilke *die eigentümliche Lage unserer Sinnlichkeit.* Den Schlusssatz des Briefes, vom fiktiven Arbeiter an den verehrten Dichter Émile Verhaeren gerichtet – *Gebt uns Lehrer, die uns das Hiesige rühmen. Sie s i n d ein solcher –,* ihn kann nach Vollendung seines *Herz-Werks* Rilke augenzwinkernd auf sich selbst beziehen.[309]

Nach dem euphorischen *Jetzt w e i ß ich mich wieder,* mit dem Rilke seine große *Leistung* und gleichzeitig das Einigsein mit sich selber seiner Freundin Lou mitteilt, ist sie wieder da, diese enge, intime Beziehung zueinander; Briefe gehen hin und her, Lou deutet mit Begeisterung die ihr geschickten Elegien, bringt sie in seinen und ihren Lebenszusammenhang, ist glücklich mit ihm: «Rainer, daß es solche Tage giebt, wie für Dich und mich jetzt! […] Das werde ich Dir ja nie sagen können, wie das mir ist und wie ich unbewußt darauf wartete, das D e i n e so als das M e i n e zu empfangen, als des Lebens wahrhaftige Vollendung. Ich will Dir dafür dankbar bleiben bis an das Ende, bis an den neuen Uranfang, lieber, lieber Rainer.»[310] Hier wird das gemeinsame, das «wahrhaftige» ‹Kind› gefeiert, die Geburt dessen, was beide gewollt haben. Wie oft hatte sie ihn in seinen Arbeitsschwierigkeiten beraten, ihn ermahnt, seine Aufgabe als Dichter zu Ende zu bringen. Sie hat ihm, selbst auf die Gefahr hin, dass er ernsthaft psychisch erkranken könnte, von jeder psychoanalytischen Behandlung abgeraten – nicht ohne selbst in der Richtung an ihm tätig zu werden. Nun war das Werk getan; des Lebens Vollendung geleistet. Für Rilke hat sich seine lebenslange Überzeugung, die er im dritten der *Sonette an Orpheus* (Teil I) wie ein Gesetz verkündet, bewahrheitet: *Gesang ist Dasein.*[311]

Neben der Erleichterung, das *Überlebensgroße* geschafft zu haben, fällt auch die lästige Frage nach dem Wohnsitz weg: Muzot ist im Mai 1922 von Werner Reinhart gekauft worden, Rilke als ‹Lehns-Nehmer› ohne Zeitbegrenzung gerngesehener Gast. Um nicht ins Leere zu fallen, hätte Rilke gern eine Tätigkeit, die

ihm die genügsame Zufriedenheit des «Immer Arbeitens» ermöglichen würde; fast beneidet er Paul Valéry als Mathematiker, Stéphane Mallarmé als Sprachlehrer und selbst Joseph Conrad als Seefahrer. Intensiv wollte er sich dem Garten mit seinen vielen Rosen widmen. Doch als Umbauarbeiten im Turm notwendig werden, muss er vorübergehend ausziehen. Den Sommer genießt er mit Reisen durch die Schweiz in Begleitung von Merline. Für den Winter sucht er wieder die Einsamkeit. Tief muss es

Rilke und Baladine Klossowska (Merline) auf dem Balkon des Turms von Muzot

Merline enttäuscht haben, dass der Geliebte, dem sie durch ihre entsagungsvolle Rückkehr nach Berlin zu dem ungestörten Winter und durch ihre Liebe zu dem großen Schaffenssturm verholfen hatte, ihr jetzt nicht das wohlverdiente Zusammensein gönnt. Doch für Rilke gilt auch jetzt: *Ich kann eben nur noch Alleinsein.*[312] Und so geht sie zurück nach Berlin, nicht ohne Bitterkeit.

Intensiv widmet sich Rilke den Übertragungen von Gedichten Paul Valérys – wie er auch nach Beendigung des *Malte* Übersetzungen als das *Handlichere* empfand, das regelmäßiges Arbeiten ohne den Zwang zur eigenen Produktion gewährte. Die Übertragung von Valérys Texten, an denen er auch Merline teilhaben lässt, wird für Rilke zum Prüfstein für das eigene Wurzelschlagen in der fremden Sprache auf dem Weg zur dichterischen Zweisprachigkeit. *Er war wie einer, der eine herrliche Sprache hört und fiebernd sich vornimmt, in ihr zu dichten*, hieß es bereits im *Malte*.[313]

Mochte Rilke gehofft haben, den Winter 1922/23 *dem guten vorigen möglichst anzuähneln*[314], so war das nicht gelungen. Wohl mitbedingt durch die Erledigung von Briefschulden bei Freunden im Ausland, besonders Deutschland, setzt er sich mehr als gewöhnlich mit dem politischem Geschehen auseinander. Die Ermordung Rathenaus am 24. Juni 1922, dem er noch vor einem Jahr zu seiner Amtseinsetzung zum Außenminister herzliche Worte geschrieben hatte, hat Rilke zutiefst erschüttert; in all seinen Briefen kristallisiert sich seine Position zu Deutschland eindeutig heraus. *[…] mein erster Eindruck im Jahre 1919 – der einzige rechte Moment, da alles hätte Einverständnis vorbereiten können, ist auf allen Seiten versäumt worden, nun nehmen die Divergenzen zu, die Fehlersummen sind gar nicht mehr abzulesen, so vielstellig sind sie geworden*[315], schreibt er an Lou am 13. Januar 1923. Die Auseinandersetzung um die Reparationszahlungen, die im Januar zur Besetzung des Ruhrgebiets geführt hatte, ließ die *Zeitungen […] sofort wieder in den Ton der Kriegsjahre verfallen*, was Rilke in ängstliche Vorahnungen versetzt: *[…] ihr Papier verursacht schon ein hetzerisches Geräusch, wenn man's aufblättert…. Wo soll das hin?* Seine Sorge gilt auch Merline, die im Winter 1922/23 die Inflation in Berlin hautnah zu spüren bekommt. *Sie können sich vorstellen, w a s sie durchmacht und leidet*, schreibt Rilke am 12. Februar 1923 an Gudi Nölke, und bedankt sich bei ihr, die *Mme Klossowska [...] ein paar Wochen Erholung am Ausgang des Winters* in der Schweiz ermöglichen will.³¹⁶

Ob es die Sorgen sind oder bereits Vorzeichen der unheimlichen Krankheit – in Rilkes Briefen vor allem an Lou häufen sich wieder die Zeichen des Unwohlseins. *Jede Erregung, auch die der Arbeit,* schlägt ihm auf den Magen, so dass er *oft durch Wochen nicht ruhig* hat *essen* können. Erstaunlich ist sein Schlafbedürfnis, als wollte er wegtauchen: *Dieser große Gott: der Schlaf; ich opfere ihm, ohne jeden Zeit-Geiz, – was kümmert i h n Zeit! – zehn Stunden, elf, ja zwölf, wenn er sie annehmen mag in seiner erhabenen mild-schweigenden Art! Nur leider gelingt es mir jetzt selten, früh schlafen zu gehen; abends ist meine Lesezeit.*³¹⁷ Aber, wie auch die im ironisch-witzigen Ton gehaltene Schilderung zeigt, Rilke nimmt es – noch – gelassen; er ist dankbar, in der Schweiz in der *Windstille*³¹⁸ des politischen Geschehens leben zu dürfen. Und als die langsam doch *sehr lästigen Schwellungen der Magen- und Leibmuskeln* chronisch zu werden drohen³¹⁹ – Rilke wiegt nur noch 49 Kilo –, entschließt er sich, am 22. August 1923 einen Kuraufenthalt im Sanatorium Schöneck am Vierwaldstättersee anzutreten.

Am 26. Oktober kündigt er Merline, die seit dem 12. Juli wieder in der Schweiz ist, seine Rückkehr nach Muzot an. Hoch erfreut ist er über die Renovierung seines Arbeits- und Schlafzimmers, die Merline in der Zwischenzeit überwacht hat. Das ihr gewidmete Gedicht *Schaukel des Herzens* trägt den optimistischen Vermerk: *als Arbeits-Anfang eines neuen Winters auf Muzot*³²⁰, und auch seinem Verleger gegenüber spricht er die Hoffnung aus, die *dritte Klausur* in Muzot möge nicht hinter den *beiden früheren zurückbleibe[n]*³²¹. Doch der dritte Winter wird *kein* guter, sondern *eher ein schwerer,* schreibt Rilke, nun in der Krankheit sich wieder seiner Lou zuwendend: *Was Du nach jener ungeheueren Fähigkeit des ersten Winters auf Muzot vorausgesehen hattest, der Rückschlag, ist eingetroffen, und er war einen Moment so heftig und verwirrend, daß ich, kurz nach Weihnachten, Muzot verließ und in die Kuranstalt Val-Mont (überhalb Montreux) ging, außerstande (zum ersten Mal seit vielen Jahren) mit mir selber fertig zu werden.*³²² Aber noch gibt sich Rilke nicht geschlagen; der Arzt hat ihm geraten, seine Isolierung

Rilke und Paul Valéry 1926 in Anthy am Genfer See, wo der
Bildhauer Henri Vallette eine Porträtbüste des französischen
Dichters anfertigte

aufzugeben und Geselligkeit zu pflegen; und *nun ist eben das Haus
voller Gäste, und es kommen, der Reihe nach, Besuche um Besuche die
nächsten Tage;* unter ihnen auch Paul Valéry, der am 6. April 1924
Gast bei Rilke ist.[323]

Trotz allem wird der Februar 1924 zu einer fruchtbaren Phase
für Rilkes Schaffen. Die «Französischen Gedichte» nehmen ihren
Anfang: *Heute schrieb ich, um eine Probe zu machen, daß ich, französisch schreibend, nicht deutsch denke und dann irgendwie übertrage,
gleich hintereinander dasselbe sujet in beiden Sprachen.*[324] Mehr als
dreißig Gedichte in französischer Sprache schreibt Rilke allein im
Februar, zwanzig davon finden Eingang in den Band *Vergers* (*Obst-
gärten*), der 1926 in einem Pariser Verlag erscheint.

Ende Februar 1924 entsteht das Gedicht *Der Magier*. Mit diesen Versen dringt Rilke noch einmal vor in ein ‹Sagen›, das seine
Vorstellung von der Welt, in der jeder Einzelne isoliert und einsam
in sich selber den *Welt-Raum* schaffen muss, in eine eigene dichterische Gestalt überführt. Rilke selbst spricht von einer *Sprache aus
Wort-Kernen*, von einer *innersten Sprache, ohne Endungen*[325]. So finden sich schon in der zehnten *Duineser Elegie* ganze Zeilen aus für

sich stehenden Wörtern, die erst durch die Kenntnis aus Werk und
Leben Rilkes bedeutsam, aber nie endgültig ausdeutbar werden:

> *Und höher, die Sterne. Neue. Die Sterne des Leidlands.*
> *Langsam nennt sie die Klage: – Hier,*
> *siehe: den ‹Reiter›, den ‹Stab›, und das vollere Sternbild*
> *nennen sie: ‹Fruchtkranz›. Dann, weiter, dem Pol zu:*
> *‹Wiege›; ‹Weg›; ‹Das Brennende Buch›; ‹Puppe›; ‹Fenster›.*
> *Aber im südlichen Himmel, rein wie im Innern*
> *einer gesegneten Hand, das klar erglänzende ‹M›,*
> *das die Mütter bedeutet......–*[326]

Die als Signal fungierenden Kern-Wörter können wir verstehen
als ‹Denk-Bilder›, die sich wie ein Sternbild aus der Konstellation verschiedener Begebenheiten zusammensetzen. Ebenso bilden alle Wörter selber durch ihre Stellung im Text *Konstellationen*,
die einen Sinn über das direkt Gesagte hinaus geben. *Kein Wort*
im Gedicht [...] ist identisch mit dem gleichlautenden Gebrauchs- und
Konversations-Worte; die [...] Konstellation, die es im Vers oder in künst-
lerischer Prosa einnimmt, verändert es bis in den Kern seiner Natur
[...].[327] René Schickele, der über gemeinsame Bekannte, vor allem
Merline und Annette Kolb, das Wirken Rilkes verfolgen konnte,
hat – wie im Übrigen auch Paul Celan – die Besonderheit dieses
poetischen Sprechens in seinem avantgardistischen Kern erkannt
und dem Dichter in seinem Roman «Die Witwe Bosca» (1933) ein
großartiges Denkmal gesetzt.

Im Mai 1924 folgt Merline schließlich resigniert, nachdem
alle Hoffnungen, mit Rilke zusammenleben zu können, enttäuscht wurden, ihren Söhnen nach Paris. Unberührt lässt es Rilke
nicht; seine Gedichte tragen Spuren der eigenen Unsicherheit.
War sein Widmungsgedicht an Merline, *Schaukel des Herzens*, im
Vorjahr noch als verheißungsvoller Neubeginn gedacht, mit Auf-
schwüngen *nahe [...] den Früchten*, so verkehrt sich das Bild in der
Neubearbeitung aus dem August 1924 ins Negative: *Da schwang*
die Schaukel durch den Schmerz.[328] Von *Nachdenklich*-Sein spricht der
Schlussvers. Und davon sind viele Gedichte im August / September
geprägt: Im Vierzeiler *Eine Furche in meinem Hirn [...]* von Anfang

September wird sogar ein *neues Gesetz* herbeigesehnt; eins, das die
Gewohnheit des unbedingt Allein-sein-Müssens aufsprengt.

> Eᴉɴᴇ *Furche in meinem Hirn,*
> *eine Linie meiner Hand:*
> *hält die Gewohnheit stand,*
> *wird sie mir beides verwirrn.*
>
> *Rette dich und entflieh*
> *aus dem verengten Netz.*
> *Wirf ein neues Gesetz*
> *über dich und sie.* [329]

Wäre denn jetzt, nach der Vollendung der Elegien, denen sich
noch die Sonette zugesellt hatten, nach dem so beglückenden
Erfolg der Valéry-Übertragungen und der Erschließung der französischen Sprache für die eigene Dichtung, wäre jetzt, wo ihm –
bewundert – überall die Türen offenstehen, nicht ein ‹normales›
Leben vergönnt? Ein Zusammenleben mit einer gleichfalls künst-
lerisch tätigen Frau, deren Söhne er in ihren erfolgversprechenden
Werdegängen mit großer Anteilnahme verfolgt? Was hindert ihn
daran? *Alle meine Abschiede sind getan* – so beginnt das Schlussstück
zur Sammlung *Vergers.* [330] Und wie zur Bestärkung entstehen im
September 1924 weitere französische Gedichte, die *Quatrains Va-*
laisans (*Walliser Vierzeiler*), der Walliser Schweiz *zurück[ge]geben*
für seine eindringliche und rettende Gastlichkeit. [331] Die Gedichte sind
Rilkes Ausdruck für das *Sprachewerden* der Landschaft, die er sich
mit Merline erschlossen hatte.

Knapp vierzehn Tage nach dem Selbstanruf *Rette dich* ent-
steht ein Gedicht, das sich wie ein Rückblick auf vergangenes
Glück liest: Wie der anklagend ‹schreiende Engel› schreit nun der
Schmerz der Geliebten, am eigenen Körper empfunden, und wird
Ausdruck eines einfachen Wunsches: *Hᴇʙ mich […] in dein Gesicht.*
Merline ist zutiefst erschüttert über diese Verse; heimlich schreibt
sie sie aus Rilkes Taschenbuch ab und beichtet ihm erst 1926:
«Ich war so unvorsichtig und habe das kleine Gedicht, das ich aus
Deinem Notizbuch stahl, wiedergelesen –, und ich habe um Dich
geweint, vor allem um Dich» [332]:

HEB mich aus meines Abfalls Finsternissen
in dein Gesicht, das mich so süß erkennt.
Wie war ich, damals, zu dir hingerissen,
in meines Herzens Element.

Nun fiel ich ab und muß mich trübe trösten
mit wirrem, wucherndem Gelüst;
du hast den Innigen, dir Eingeflößten,
Geliebte, nicht zuend geküßt.

Die Sehnsucht, die du namenlos erlitten,
bricht nun in meinen Adern aus und schreit.
Wie trugst du nur in deinen Liebesmitten
die Leere, die den Einsamen entzweit![333]

Möglicherweise beziehen sich die Zeilen über das Sich-trösten-Müssen mit *wucherndem Gelüst* auf den *Briefwechsel in Gedichten mit Erika Mitterer*.[334] Als die achtzehnjährige Wiener Lyrikerin am 3. Juni 1924 dem Dichter zwei Gedichte zu den *Sonetten an Orpheus* zuschickte, antwortete Rilke ebenfalls in Versen. Während seines Kuraufenthalts in Ragaz im Juli 1924 steuert der lyrisch-erotische Austausch seinem Höhepunkt zu; ein Treffen wird erwogen, und der Freundin Nanny bekennt er: *Ich glaube ich habe es schwer jetzt allein zu sein! [...] Ich weiß mich nicht eines so unmittelbaren Bedürfnisses nach Umgang und Bezug zu erinnern, wie es mich jetzt erfüllt und beinahe mißhandelt.*[335] Bezeichnenderweise bricht der Briefwechsel im August (vorübergehend) ab nach Rilkes Antwort: *KEINE Stürme sollst Du wecken, keine! [...]*[336]

Vom 24. November 1924 bis zum 6. Januar 1925 begibt sich Rilke zum zweiten Mal in das Sanatorium von Val-Mont, diesmal zusammen mit Nanny, die sich dort erholt und mit der er seinen Geburtstag und Weihnachten verlebt. Gleich von hier aus tritt er am 7. Januar 1925 die lange geplante Reise nach Paris an. Sieben Monate wird er dort verbringen, *diesmal [...] lag mir daran, Menschen zu sehen und Beziehungen fortzusetzen*[337]. Das dortige Zusammensein mit Merline endet mit einer gemeinsamen Rückreise; sie besuchen einige Städte im Burgund und verbringen zehn letzte

Eine der letzten
Aufnahmen
von Rilke,
fotografiert
von Baladine
Klossowska

Tage in Sierre, dann reist Merline am 11. September 1925 wieder nach Paris. Sie werden sich nicht wiedersehen.

Rilke versucht es nochmals in Ragaz mit einer Kur, von der er Mitte Oktober 1925 nach Muzot zurückkehrt. Voller Angst vor *einer mich mir mehr oder weniger enteignenden Krankheit* macht er sein tatsächliches Testament und schickt es Nanny Wunderly. Mit präzisen Angaben beschreibt er den Ort, wo er bestattet werden möchte: *auf dem hochgelegenen Kirchhof [...] zu Rarogne,* und auch den Spruch für den Grabstein schreibt er vor: *Rose, oh reiner Widerspruch, Lust / Niemandes Schlaf zu sein unter soviel / Lidern.* [338]

In Panik vor der Krankheit, *die am Ende auch den Geist verstört,* wendet er sich in einem erschütternden Brief an Lou: *Du schriebst mir, damals als die E l e g i e n da waren, [...] ich solle nicht erschrecken, wenn es mir, im Rückschlag, schlecht ergehen sollte [...]; aber nun bin ich d o c h erschrocken, siehst Du, ja ich lebe seit zwei Jahren mehr und mehr in der Mitte eines Schreckens, dessen greifbarste Ursache (eine an mir selbst ausgeübte Reizung) ich, mit teuflischer Besessenheit immer dann am Meisten steigere, wenn ich eben meine, die Versuchung dazu überwunden zu haben. Es ist ein entsetzlicher Cirkel, ein Kreis böser Magie, der mich einschließt wie in ein Breughel'sches Höllenbild.* Flehentlich fragt er sie, die allein die *alten Wörterbücher* seiner *Klagensprache* kennt: *[...] giebt Dir das irgend ein Bild meiner Niederlage? [...] Siehst Du jemanden im Umkreis Deiner Welt, der mir helfen könnte?: Ich sehe nur Dich, aber wie Dich wirklich erreichen?* Seit einem Jahr hält er seine dringliche Bitte, sie möge zu ihm kommen, zurück – nun spricht er sie aus. *Reisen könnte ich jetzt schwerlich, könntest Du's?* Und hakt noch einmal nach: *Bis hierher?* Doch – er schickt den Brief nicht ab. Erst fünf Wochen später, am 8. Dezember 1925, fügt er eine zweite Nachschrift hinzu. Verzweifelt, wie er ist, würde er jetzt vielleicht doch eine psychoanalytische Therapie annehmen, wenn Lou nicht – wie immer vorher – davon abriete. *Rath mir,* schreibt er ihr, und wenn sie schon nicht käme, bittet er um – *ein paar Zeilen, ja?*[339]

Die Untersuchung im Sanatorium von Val-Mont, wo er sich ab 20. Dezember 1925 erneut behandeln lässt, ergibt wiederum keine eindeutige Diagnose. Die Therapien schlagen nicht an, die Schmerzzustände verschlimmern sich. Dennoch lässt er sich vom Schreiben nicht abhalten. Intensiv gibt er sich der Übersetzung von Dialogen Valérys hin; Gedichte entstehen in beiden Sprachen; er stellt gemeinsam mit Merline eine weitere Sammlung französischer Verse zusammen, die den aufschlussreichen Titel *Les Fenetres* (*Die Fenster*) erhält. Merline fertigt dazu Zeichnungen; der Band erscheint 1927 posthum. Und er führt weiterhin eine ausgiebige Korrespondenz. Vermittelt durch Boris Pasternak, entwickelt sich ab Anfang Mai 1926 ein intensiver Briefwechsel mit der russischen Lyrikerin Marina Zwetajewa – Zeugnisse einer gegenseitigen Zuneigung, die allerdings zu keiner persönlichen Begegnung mehr führt.

Den Versuch, Anfang Juni 1926 sich noch einmal in seinen Turm in Muzot zurückzuziehen, muss er sehr bald aufgeben. Er erhofft sich Linderung durch einen weiteren Kuraufenthalt in Bad Ragaz, träumt davon, sich im Süden Frankreichs niederzulassen,

ANKUNFT

Iɴ einer Rose steht dein Bett, Geliebte. Dich selber
(oh ich Schwimmer wider die Strömung des Dufts)
hab ich verloren. So wie dem Leben zuvor
diese (von außen nicht meßbar) dreimal drei Monate sind,
so, nach innen geschlagen, werd ich erst s e i n. Auf einmal,
zwei Jahrtausende vor jenem neuen Geschöpf,
das wir genießen, wenn die Berührung beginnt,
plötzlich: gegen dir über, werd ich im Auge geboren.

Muzot, Anfang Juni 1926 (SW II, 188)

doch ihm bleibt Ende November allein der Weg zurück ins Sanatorium von Val-Mont. Der letzte Brief, den Rilke Lou sechzehn
Tage vor seinem Tod schreibt, endet mit einem Gruß in kyril-
lischen Buchstaben: *Lebe wohl, meine Liebe / D. Rainer.*[340] Er liegt
einem Brief von Nanny Wunderly vom 13. Dezember 1926 bei. Die
eigentliche Krankheit wisse Rilke nicht, und: «[…] er frägt nicht,
er sagte nur Dr. Haemmerli, er solle Ihnen a l l e s sagen.» Der Arzt
teilt Lou in einem gesonderten Schreiben mit, es handle sich bei
der Krankheit um eine schwere, akute Leukämie; es bestehe «eine
ernste Gefahr, deren W i s s e n er nicht erträgt». Nanny Wunderly,
die den Dichter in der letzten Zeit bis zu seinem Tod am Morgen
des 29. Dezember 1926 begleitet, hatte sich auf Rilkes Wunsch an
Lou gewandt: «Sie wissen alles von ihm, von Anfang an bis heute.
Sie kennen seinen unbegrenzten Glauben an Sie – er sagte: Lou
muß alles wissen – vielleicht weiß sie einen Trost.»[341]

Das Leben, dieses große Geheimnis, zu rühmen und zu prei-
sen, daran hat Rilke bis an sein Ende festgehalten. Mehr noch,
er war überzeugt, dass sein Schaffen allein aus dem Zustand der
Balance, dem Ausgewogensein aller *Elemente* seines Daseins, er-
wachsen sei. *Was ich hervorbringen durfte, dazu haben a l l e Elemente
meines Daseins […] in unbeschreiblicher Gleichgesinntheit zusammenge-
wirkt; Geist, Körper, Seele –, sie waren, als sei keines mehr, keines gerin-
ger, jedes köstlich in seiner Art, jedes vertraulich und göttlich zugleich –,
und die Leistung ergab sich jedesmal an einem geheimnisvollen Höhepunkt ihrer Eintracht.*[342]

ANMERKUNGEN

In der Bibliographie angeführte Titel werden in den Zitatnachweisen nur verkürzt oder mit dem dort verzeichneten Kürzel nachgewiesen.

1 SW V, 470 f.
2 An E. Key, 3. 4. 1903, RCh 10
3 J. Storck in MA 16
4 An E. Key, 3. 4. 1903, MA 17
5 An E. Key, 3. 4. 1903, MA 17
6 An C. Sedlakowitz, 9. 12. 1920, BN II, 92
7 An L. Ganghofer, 16. 4. 1897, MA 23
8 Musil, Tagebuch, zit. nach MA 26
9 An C. Sedlakowitz, 9. 12. 1920, BN II, 92 f.
10 An Phia Rilke, Juli 1891, RCh 19
11 SW III, 415
12 An Phia Rilke, 26. 11. 1891, RCh 20
13 SW III, 415. Eine recht fragwürdige *Antwort* des Fünfzehnjährigen auf B. von Suttners Roman «Die Waffen nieder».
14 RCh 21
15 RCh 1332 f.
16 RCh 22
17 SW III, 44
18 Die Beschreibung des Aussehens folgt hier den Erinnerungen Vallys, zit. nach Freedman I, 45 f., 53
19 RCh 25
20 An Zdeněk Broman, RCh 28
21 An H. Pongs, 17. 8. 1924, BN II, 339
22 RCh 28 ff.
23 RCh 34
24 Zit. nach Freedman I, 56

25 RR 448
26 An V. Goudstikker, 4. 4. 1897, MA 20
27 J. Storck in MA 39
28 SW IV, 759 f.
29 RCh 46
30 Zit. nach H. Nalewski: Rilkes Leben
31 An A. Sauer, 11. 1. 1914, BN I, 495
32 An E. Norlind, März 1907, BN I, 254
33 RCh 51
34 MA 50
35 SW IV, 544, 555 f., 559
36 An H. Pongs, 17. 8. 1924, BN II, 341
37 RCh 244
38 Das gilt auch für die Gedichtsammlung *Advent* (1898).
39 An Franz Brümmer, den Hg. des «Lexikons der deutschen Dichter des 19. Jahrhunderts», RCh 40
40 10. 1. 1912, LAS 244 f.
41 LAS 7
42 Lou Andreas-Salomé: Lebensrückblick. Hg. von E. Pfeiffer. Frankfurt a. M. 1974, 114 f.
43 Zit. nach Freedman I, 92
44 LAS 15 f.
45 LAS 26; auch SW I, 313
46 LAS 124 f.
47 SW IV, 567
48 Lou A.-S.: Lebensrückblick (Anm. 42) 138
49 BN I, 38
50 MA 64
51 TF 18, 30, 114, 117, 135
52 An E. Vonhoff, 10. 12. 1901, RCh 130
53 SW V, 480 u. SW VI, 1166 f.
54 TF 79
55 KA I, 663
56 An H. Salus, November 1898, RCh 77
57 An Phia Rilke, 29. 12. 1898, RCh 79

58 An F. von Bülow, April 1899, RR 20
59 An Phia Rilke, 29. 4. 1899, RR 21
60 RR 21
61 An A. Suworin, März 1902, RR 337
62 An C. Sedlakowitz, 9. 12. 1920, BN II, 94
63 W. Hulewicz: Gespräche mit RMR, zit. nach RR 21
64 An H. Pongs, 17. 8. 1924, BN II, 342
65 Zit. nach E. Wiesner-Bangard / U. Welsch: Lou Andreas Salomé, Leipzig 2002, 140
66 An Lou, 8. 6. 1897, LAS 17 f.
67 LAS 200
68 SW III, 323
69 SW III, 334
70 SW I, 311
71 Simmel an RMR, 9. 8. 1908, MA 97
72 MA 93
73 KA I, 731 f.
74 An E. Key, 13. 2. 1903, SW IV, 989
75 KA III, 851
76 Untertitel der ersten Auflage
77 RR 99
78 SW IV, 354 f.
79 An H. Pongs, 17. 8. 1924, BN II, 342
80 *Ich entstamme, wenn ich alten Traditionen glaube, einem uradeligen, Kärntner Adelsgeschlecht.* An F. Brümmer (vgl. Anm. 39), RCh 39
81 An Clara, 25. 6. 1906, KA I, 706
82 18. 2. 1914, KA I, 708; im Orig. frz.
83 S. Schill: Erinnerungen. RR 443 f.
84 TF 231 f.
85 TF 315 f., 324, 235, 254, 257 ff. – RMR hat das Gedicht unter dem Titel

Von den Mädchen II leicht verändert in sein *Buch der Bilder* übernommen (SW I, 375).

86 C. Ueckert: Paula Modersohn-Becker. Reinbek bei Hamburg 2007, 66

87 TF 356 ff., *Wer jetzt weint […]* nach SW I, 405

88 RCh 112

89 TF 415 f.

90 LAS 49, 51

91 LAS 54 ff.

92 Ueckert (Anm. 86), 71

93 An L. Ganghofer, 16. 4. 1897, zit. nach Nalewski: Rilkes Leben, 40

94 An Clara, 18. 2. 1901, Ueckert (Anm. 86), 72

95 Freedman I, 216

96 SW I, 337

97 KA I, 766

98 TF 284

99 BN I, 99 f.

100 SW I, 456

101 An G. Hauptmann, 1. 5. 1902, MA 82

102 SW V, 32

103 BN I, 121; im Orig. frz.

104 31. 8. 1902, BN I, 126

105 An A. Holitscher, 17. 10. 1902, BN I, 140

106 An Clara, 2. 9. 1902, BN I, 128

107 SW V, 217, 226

108 An Clara, 18. 9. 1902, RCh 151

109 An O. Zwintscher, 18. 10. 1902, RCh 153

110 LAS 56 f., 125, 57, 125 f.

111 An Lou, 8. 8. 1903, LAS 91

112 RCh 170

113 1. 8. 1903, LAS 84

114 Als *Briefe an einen jungen Dichter* separat erschienen; KA IV, 528

115 SW I, 549

116 LAS 139 u. 145

117 SW VI, 710

118 SW I, 550

119 LAS 94

120 SW V, 269

121 SW I, 194 f.

122 SW V, 208, 271, 221. Der Vortrag wurde 1907 als *Zweiter Teil* in die Rodin-Monographie übernommen.

123 Viktor Šklovskij: Kunst als Verfahren, in: Jurij Striedter (Hg.): Russischer Formalismus. München 1971, 15

124 An Lou, 10. 8. 1903, LAS 104

125 An Lou, 12. 5. 1904, LAS 154 f.

126 An Lou, 3. 7. 1904, LAS 178

127 An Clara, 24. 7. 1904, RCh 190 f.

128 SW V, 584, 586 f., 591

129 SW V, 672

130 An Clara, 19. 11. 1904, RCh 199

131 An Lou, 23. 5. 1905, LAS 205

132 An Clara, 14./ 15./ 20. 9. 1905, BA 109 ff.

133 An Clara, 25. 1. 1906, BA 115; vgl. die Chartres-Gedichte im ersten Teil der *Neuen Gedichte*, SW I, 497–502

134 An E. Key, 6. 11. 1905, RCh 220, 222

135 An Phia Rilke, 20. 3. 1906, BN I, 210

136 4. u. 18. 4. 1906, BA 118 f., 120

137 28. 12. 1911, LAS 240

138 An K. v. d. Heydt, 16. 1. 1906, RCh 231 f.

139 Vgl. Ueckert (Anm. 86), 114 f.

140 SW I, 647–656

141 An M. Vollmoeller, 20. 8. 1906, KA I, 950

142 An M. Gneisenau, 20. 9. 1906, RCh 251

143 An K. u. E. v. d. Heydt, 11. 12. 1906, BN I, 221, 224 f.

144 An Clara, 4. 3. 1907, BA 160

145 Ersch. 1908, Insel-Verlag, Leipzig

146 An E. Key, 9. 2. 1907, RCh 260 f.

147 An P. Modersohn-Becker, 5. 2. 1907, BN I, 235

148 An Clara, 17. 12. 1906, BA 143, 145

149 13. 6. 1907, BA 161

150 RCh 275

151 An Clara, 19. 8. 1907, KA I, 900

152 U. Fülleborn, KA I, 905

153 An E. Key, 9. 10. 1908, KA I, 902

154 An Clara, 19. 10. 1907, BN I, 279

155 Hofmannsthal an K. Kippenberg, 30. 10. 1927, MA 130

156 An Clara, 18. 10. 1907, BN I, 278

157 An Clara, 13. 10. 1907, BN I, 276 f.

158 An Clara, 4. 11. 1907, BN I, 286

159 An K. v. d. Heydt, 5. 8. 1909, BA 242

160 Lou an RMR, 17. 6. 1909, LAS 227

161 BN 1, 330

162 An Kippenberg, 17. 9. 1909, RCh 333

163 11. 12. 1909, BA 256

164 20. 10. 1909, RCh 335

165 SW VI, 844

166 An R. Zimmermann, 3. 2. 1921, BN II, 126

167 An M. zu Solms-Laubach, 11. 4. 1910, BN I, 342

168 10. 11. 1925, RHb 322

169 An L. Hepner, 8. 11. 1915, BN I, 599 f.

170 KA IV, 656

171 An Lou, 28. 12. 1911, LAS 238

172 MA 147
173 MA 160
174 KA III, 891
175 TT I, 10
176 An J. v. Bernstorff,
27. 2. 1910, RCh 345
177 BN I, 340
178 An Marie Taxis,
16. 3. 1910, RCh 346
179 An M. Vollmoeller,
3. 4. 1910, RCh 347
180 An Marie Taxis,
29. 4. 1910, RCh 350
181 An Marie Taxis,
13. 7. 1910, RCh 352
182 An Marie Taxis,
30. 8. 1910, BN I, 345
183 LAS 238
184 An Marie Taxis,
4. 11. 1910, RCh 357
185 Freedman II, 99
186 An N. Wunderly,
12. 11. 1925, RCh 1007
187 An Clara, 26. 11. 1910,
RCh 359
188 An M. Dobrčensky,
19. 2. 1922, RCh 360
189 An S. Nádherný,
21. 1. 1923, RCh 359 f.
190 An Clara, 21. 12. 1910,
RCh 361
191 BN I, 233
192 An Benvenuta,
1. 2. 1914, BN I, 506 f.
193 BA 276
194 16. 6. 1911, BN I,
362
195 SW VI, 924, 937
196 SW VI, 1016
197 Vgl. Kapitel 3, S. 78
198 An M. T. Mirbach-Gel-
dern (Marietta), 26. 9. 1919,
BN II, 35
199 An R. Schobloch,
11. 8. 1911, RCh 378
200 An S. Nádherný,
30. 8. 1911, RCh 379
201 An H. Sauer, 28. 9. 1911,
RCh 383
202 An H. Fischer,
25. 10. 1911, BA 294

203 LAS 248, 242, 238, 240,
242 f.
204 SW I, 685
205 An E. v. Gebsattel, 14.
u. 24. 1. 1912, BN I, 392,
381
206 An A. Kolb, BN I,
386 – 389
207 SW I, 686
208 An M. Sizzo, 6. 1. 1922,
KA II, 448
209 LAS 267 f.
210 27. 9. 1911, RCh 383
211 4. 12. 1912, MA 179
212 An S. Nádherný,
11. 12. 1913, RCh 416
213 17. 12. 1913, BN I, 448 f.
214 SW II, 45
215 BzP 131
216 RCh 435
217 SW II, 61
218 Vgl. Rilkes Reaktion auf
den nicht erhaltenen Brief
Lous, LAS 329
219 RCh 457
220 LAS 322
221 An Marie Taxis,
12. 3. 1914, MA 184
222 SW II, 83 f.
223 LAS 329, 336, 322, 324,
337 f., 327
224 SW II, 86 – 92
225 BN I, 557
226 An M. Mitford,
18. 1. 1915, BzP 102
227 BN I, 557
228 RCh 495
229 BN II, 562
230 MA 210 f.
231 BN I, 577 f. Aus dem
Französischen übersetzte
Textteile des Originals werden hier und im Folgenden
durch eckige Klammern
gekennzeichnet.
232 MA 223
233 BN I, 641
234 18. 8. 1917, MA 231
235 BN I, 685, 687 f.
236 MA 225
237 MA 234

238 An K. v. d. Heydt,
29. 3. 1919, BN I, 719
239 MA 237
240 MA 240
241 RCh 636
242 An A. Cassani,
13. 6. 1919, RCh 644
243 An A. Cassani,
18. 6. 1919, RCh 645
244 BN II, 23
245 An G. Nölke, 3. 10. 1919,
RCh 661
246 An G. Nölke,
24. 10. 1919, RCh 662
247 An G. Nölke, 3. 11. 1919,
RCh 663 f.
248 SW II, 238
249 An Marietta (Anm. 198),
BN II, 39 f.
250 An Y. de Wattenwyl,
16. 12. 1919, RCh 667 f.
251 BN II, 37 f.
252 An N. Wunderly,
9. 12. 1919, RCh 669
253 An E. Bachrach,
19. 12. 1919, CH 163
254 BN II, 44 f.
255 An N. Wunderly,
10. 1. 1920, RCh 674
256 An L. Schlözer,
21. 1. 1920, BN II, 49 ff.
257 An G. Nölke, 22. 3. 1920,
BzP 602
258 An Marie Taxis,
3. 5. 1920, RCh 689
259 An Lou, 31. 12. 1920,
LAS 421 f.
260 An Marie Taxis,
23. 7. 1920, BN II, 72
261 An N. Wunderly,
22. 8. 1920, CH 23
262 RCh 700; im Orig. frz.
263 An I. Junghanns,
23. 11. 1920, BN II, 83
264 RCh 705; im Orig. frz.
265 An Lou, 31. 12. 1920,
LAS 422 f.
266 An A. Kippenberg,
1. 11. 1920, BN II, 75, 77
267 5. 1. 1921, LAS 428,
430

268 An A. Kippenberg,
1. 11. 1920, BN II, 77
269 An N. Wunderly,
17. 12. 1920, Salis 82
270 An Marie Taxis,
15. 12. 1920, Salis 76
271 An Marietta (Anm. 198),
25. 11. 1920, BN II, 86 f.
272 Zürich und Leipzig 1921,
im Orig. frz.
273 An N. Purtscher,
12. 1. 1922, RCh 704
274 SW VI, 1099; im Orig.
frz.
275 An N. Wunderly,
27. 11. 1920, RCh 711
276 BN II, 89 f.
277 SW II, 462
278 SW II, 243 f.
279 An N. Wunderly, 17.
und 20. 12. 1920, KA II,
577
280 BN II, 91
281 SW II, 457 f.
282 BN II, 98 – 115; im Orig.
frz.
283 An Merline, 9. 2. 1921,
RCh 724
284 An Marie Taxis,
17. 2. 1921, RCh 726
285 An Merline, 20. und
22. 2. 1921, RCh 727 f.
286 An Merline, 22. 2. 1921,
RCh 728
287 An Marietta (Anm. 198),
10. 3. 1921, BN II, 144
288 Merline an RMR,
31. 3. 1921, RCh 735

289 Das Testament, 15
290 Das Testament, 13; im
Orig. frz.
291 Das Testament, 51
292 Das Testament, 19, 24
293 An G. Nölke, 22. 5. 1921,
RCh 743
294 Das Testament, 75
295 RCh 748; im Orig. frz.
296 An N. Wunderly,
4. 7. 1921, RCh 750 f.
297 An N. Wunderly,
15. 7. 1921, RCh 751
298 An Marie Taxis,
25. 7. 1921, BN II, 166
299 SW II, 247
300 An Marie Taxis,
25. 7. 1921, BN II, 169
301 RCh 782 f.
302 An A. Kippenberg,
9. 2. 1922, BN II, 216 f.
303 RCh 779
304 An Marie Taxis,
25. 2. und 14. 6. 1922, KA
II, 709 f.
305 11. 2. 1922, BN II, 218
306 13. 11. 1925, BN II,
374 – 378
307 Ebd. 378
308 An Lou, 11. 2. 1922,
LAS 444 f.
309 SW VI, 1111 – 1127
310 Lou an RMR, 6. 3. 1922,
LAS 453
311 SW I, 732
312 An N. Wunderly,
29. 10. 1922, Salis 162
313 SW VI, 943

314 An L. Heise, 2. 2. 1923,
BN II, 288
315 LAS 454 f.
316 BzP 418
317 13. 1. 1923, LAS 456 f.
318 An N. Wunderly,
30. 1. 1923, BzP 413
319 An N. Wunderly,
16. 5. 1923, RCh 853
320 SW II, 254
321 RCh 878
322 22. 4. 1924, LAS 466
323 Mer 511
324 An Merline, 11. 2. 1924,
RCh 896 f.
325 An N. Wunderly,
KA II, 768
326 SW I, 725
327 An M. Sizzo,
17. 3. 1922, BN II, 236
328 SW II, 176
329 SW II, 498
330 KA Suppl., 77
331 An A. Fischer-Colbrie,
18. 12. 1925, BA 916
332 RCh 943; im Orig. frz.
333 SW II, 499
334 SW II, 279 – 319
335 7. 7. 1924, KA II, 819
336 SW II, 30
337 An A. Kippenberg,
3. 2. 1925, RCh 966
338 RCh 999
339 LAS 476 ff., 480
340 LAS 485
341 LAS 622
342 An N. Wunderly,
8. 2. 1924, Salis 190

1875 4. Dezember: René Maria Rilke wird in Prag geboren. Eltern: Josef Rilke und Sophie (Phia), geb. Entz.

1882 Eintritt in die Volksschule der Piaristen in Prag.

1884 Die Eltern trennen sich, René bleibt bei der Mutter.

1886 Rilke wird Zögling der Militärunterrealschule St. Pölten.

1890 Übergang in die Militäroberrealschule in Mährisch-Weißkirchen.

1891 Entlassung aus der Militärakademie; Besuch der Handelsschule in Linz.

1892 Abbruch des Schulbesuchs; private Vorbereitung auf das Abitur.

1893 Liebe zu Valerie von David-Rhonfeld.

1894 *Leben und Lieder* erscheint.

1895 Abitur; Studium der Kunst- und Literaturgeschichte in Prag; *Larenopfer* erscheint.

1896 Wechsel zur Rechtswissenschaft. Ende September: Fortsetzung des Studiums in München; Besuch von kunstgeschichtlichen Vorlesungen; Bekanntschaft mit Jakob Wassermann und Wilhelm von Scholz.

1897 Beginn einer intensiven Liebesbeziehung mit Lou Andreas-Salomé; der Gedichtband *Traumgekrönt* erscheint, *Im Frühfrost* wird in Prag uraufgeführt. Rilke ändert seinen ersten Vornamen in Rainer (statt René) um. Herbst: Übersiedlung nach Berlin.

1898 April / Mai: Reise nach Florenz, wo er Heinrich Vogeler kennenlernt und in den Boboli-Gärten Stefan George trifft. Anschließend Rückzug ins toskanische Seebad Viareggio. Anfang Juni: Wiedersehen mit Lou in Zoppot. Ende Juli: Rilke bezieht ein Zimmer in Berlin-Schmargendorf. Es erscheinen die Gedichtsammlung *Advent* und der Prosaband *Am Leben hin.*

1899 April bis Juni: Erste Russland-Reise mit Lou und ihrem Mann Friedrich Carl Andreas nach Moskau und St. Petersburg, Rilke lernt Tolstoj und Leonid Pasternak kennen. Produktiver Herbst: *Die Gebete* (erster Teil des *Stunden-Buchs*), die erste Fassung des *Cornets* und *Die Geschichten vom lieben Gott* entstehen; *Mir zur Feier, Die weiße Fürstin* und *Zwei Prager Geschichten* erscheinen.

1900 Mai bis August: Zweite Russland-Reise mit Lou: Moskau, Kiew, Fahrt auf der Wolga, St. Petersburg. August bis Oktober: In Worpswede; Rilke lernt Clara Westhoff und Paula Becker kennen.

1901 Februar: «Letzter Zuruf» von Lou; Rilke zieht nach Worpswede, später nach Westerwede. April: Heirat mit Clara Westhoff. 12. Dezember: Geburt der Tochter Ruth.

1902 August: Übersiedlung nach Paris. Erster Besuch bei Rodin. Es erscheinen: *Die Letzten* (Erzählungen), *Das tägliche Leben* (Drama), *Das Buch der Bilder, Worpswede.*

1903 *Auguste Rodin* erscheint. April: In Viareggio entsteht der dritte Teil des *Stunden-Buchs*; Wiederaufnahme der freundschaftlichen Beziehung zu Lou. September (bis Juni 1904): Rilke mit Clara in Rom.

1904 Beginn der Arbeit am *Malte.* Juni bis Dezember: Auf Einladung von Ellen Key in Schweden und Dänemark; Engagement für die schwedische Reformschule.

1905 Reisen (mit Vorträgen) in Deutschland. Ab September in Paris als Sekretär bei Rodin. *Das Stunden-Buch* erscheint.

1906   März: Der Vater stirbt.
April: Zerwürfnis mit Rodin. Im
Sommer mit Clara und Ruth in
Belgien. Ab Dezember (bis Mai
1907) auf Capri. Es erscheint *Die
Weise von Liebe und Tod des Cornets
Christoph Rilke*.

1907   Ab Juni wieder in Paris.
November: Vortragsreise u. a.
nach Wien, wo er Rudolf Kassner,
Hugo von Hofmannsthal und
Stefan Zweig trifft, anschließend
in Venedig. Es erscheinen: erwei-
terte Ausgabe der *Rodin*-Mono-
graphie, *Neue Gedichte*.

1908   Im Winter in Oberneuland.
März bis Mai auf Capri, danach in
Paris. *Der neuen Gedichte anderer
Teil* erscheint.

1909   In Paris. Es erscheinen:
Requiem; *Die frühen Gedichte*.

1910   Januar bis März: in Leipzig.
Schlussredaktion der *Aufzeichnungen des Malte Laurids Brigge*, die
Ende Mai erscheinen. April und
August auf den Schlössern Lautschin und Duino der Fürstin von
Thurn und Taxis, anschließend
bei den Geschwistern Nádherný
auf Schloss Janovice. Ab November (bis März 1911): Reise nach
Nordafrika.

1911   Paris. Ab Oktober (bis Mai
1912) auf Duino. Die ersten *Elegien* entstehen.

1912   Sommer in Venedig. Rilke
trifft Eleonora Duse. Ab Oktober
(bis Februar 1913): Reise nach
Spanien.

1913   Paris. Im Sommer Reisen
nach Deutschland.

1914   Paris. Liebe zu Magda von
Hattingberg (Benvenuta). Beim
Kriegsausbruch (1. August) in

München; Rilke muss in Deutschland bleiben.

1915   In München; er lernt Lulu
Albert-Lazard kennen.

1916   Einberufung; nach der
Grundwehrübung Arbeit im
Kriegsarchiv in Wien. Juni:
Entlassung, Rückkehr nach
München.

1918   November: Rilke unterstützt
die revolutionäre Bewegung;
Plan einer sozialistischen Lehrer-
zeitung.

1919   Ab Juni: Vortragsreise durch
die Schweiz, anschließend Suche
nach einer ruhigen Bleibe in der
Schweiz; Rilke lernt Nanny Wunderly-Volkart (Nike) kennen.

1920   Schönenberg bei Basel, dann
(bis Mai 1921) Schloss Berg am
Irchel im Kanton Zürich; Beginn
der Liebesbeziehung mit Baladine
Klossowska (Merline).

1921   Juli: Einzug in das Château
de Muzot bei Sierre im Wallis.

1922   Vollendung der *Duineser Elegien* und Niederschrift der *Sonette
an Orpheus*; beide Gedichtsammlungen erscheinen 1923.

1923   Valéry-Übertragungen.
Dezember: Erster Aufenthalt im
Sanatorium Val-Mont.

1924   Gedichte in französischer
Sprache.

1925   Januar bis August: in Paris.
Dezember (bis Mai 1926) im Sanatorium Val-Mont.

1926   September: Rilke trifft sich
in Anthy am Genfer See mit Paul
Valéry. Ab 30. November: in Val-
Mont. Rilke stirbt am 29. Dezember an Leukämie.

1927   2. Januar: Begräbnis in Raron
(Wallis).

ZEUGNISSE

Hugo von Hofmannsthal
An diesen Gedichten scheint es mir erstaunlich wie Sie dem Gebiet des Kaum-zu-sagenden einen neuen Grenzstreifen abgewonnen haben, und vielfach bezaubert hat mich die Schönheit und Sicherheit mit der ein subtiler Gedanke wie mit dem bewundernswerten Pinselstrich eines Chinesen hingesetzt ist: Weisheit und rhythmisches Ornament in einem.
An Rilke (über die «Sonette an Orpheus») am 25. Mai 1923, BN II, 642

Paul Valéry
Teurer Rilke! ... Ich sah in ihm, ich liebte in ihm den zartesten und geisterfülltesten Menschen dieser Welt, den Menschen, der am meisten heimgesucht war von all den wunderbaren Ängsten und allen Geheimnissen des Geistes. [...]
In der gedankenvollen Klausur seines Einsiedlerturms von Muzot, wohin er sich nach vielfachem Schweifen aus Gründen der Gesundheit und aus Liebe zur Meditation eingeschlossen hatte, war Rilke allmählich unmerklich zum Bürger des intellektuellen Europa geworden.
Gedenken und Abschied (1927). In: RMR. Stimmen der Freunde. Ein Gedächtnisbuch. Hg. von Gert Buchheit. Freiburg im Breisgau 1931, 173 und 175

Robert Musil
Rainer Maria Rilke war schlecht für diese Zeit geeignet. Dieser große Lyriker hat nichts getan, als daß er das deutsche Gedicht zum erstenmal vollkommen gemacht hat; er war kein Gipfel dieser Zeit, er war eine der Erhöhungen, auf welchen das Schicksal des Geistes über Zeiten wegschreitet. [...] Er gehört zu den Jahrhundertzusammenhängen der deutschen Dichtung, nicht zu denen des Tages.
Rede zur Rilke-Feier in Berlin, 1927, zit. nach Insel-Almanach 1997, 55

Stefan Zweig
[...] einzig in ihm von uns allen war das Wort schon vollkommen Musik. Nur an seiner Lippe war es erlöst vom Dunst der Gewöhnung [...]. Alle Vielfalt wußte er zu formen, sein schöpferisch gewordenes Wort, alle Formen des Lebens suchen ihr Bildnis in den singenden Spiegeln seiner Verse und selbst der Tod – selbst er trat groß und gegenständlich aus seinem Gedicht als die reinste und notwendigste aller Wirklichkeiten.
Abschied von Rilke (1927), zit. nach Insel-Almanach 1997, 77

André Gide
Wohl alle, die mit ihm in Berührung gekommen sind, standen unter dem Zauber seiner Anmut und Zärtlichkeit; er war, mit allen und mit jedem, stets vollkommen natürlich. Er war ein Dichter und bemühte sich nicht, es zu scheinen; doch er empfand auch nicht Scham, es zu sein, und ließ den quellenden Schatz, dessen Hüter er war und den zu verbreiten er als Auftrag empfand, in seinem Blick sanft erstrahlen und in seinen geringsten Äußerungen leise dahinfließen. [...] Rilke ist eines der Wesen, die ich am meisten geliebt habe und über die ich am wenigsten zu sagen weiß. Er hat sich ganz in seinem Werk gegeben und wenn ich eines seiner Bücher wieder öffne, vernehme ich seine Stimme, sehe ich seine Geste, spüre seinen Blick [...].
An Anton Kippenberg am 9. Februar 1927, MA 330, im Orig. frz.

Klaus Mann
[...] daß dies schon möglich wäre, glaubten wir nicht, schon jetzt, schon heute: diese letzte, äußerste, überraschendste Sublimierung der

Sinnlichkeit, so daß die Sinnlichkeit zum Geiste wird und dabei die ganze Stärke und Innigkeit ihrer Naivität behält. Der kühnste, heikelste Gedanke und das zarteste Gefühl finden sich zur lange erhofften, niemals gewagten Identität, in Wortgebilden von nie dagewesener Kühnheit und Süße vereint sich die Sinnlichkeit mit dem Geist.
Nachruf in der «Literarischen Welt» (1927), zit. nach MA 319

Franz Werfel
Man findet kaum eine Seite, auf der nicht eine Kostbarkeit der Anschauung, der Erkenntnis, des Wesens aufblitzt; und immer wieder die einzigartigen Gleichnisse, die erschreckend herrlichen Durchblicke […]. Es sind gar keine Briefe, sondern Gedichte, die nur unter einem leichteren Druck stehn, sonst wären sie Kristall geworden.
Bei der Lektüre von Rilkes Briefen (1929), zit. nach BN I, 7 ff.

Rudolf Kassner
Rilke lebte mit Entschiedenheit in den Bildern, die sich sein Herz von den Dingen machte. In diesem Sinne lebte er seine Dichtung ohne Bruch und lebte er auch sein Leben ohne einen solchen. Er ist, im Großen gesehen, die Vollendung jener wundervollen narzißhaften Lyrik, die mit Keats in England begonnen hat. In den Duineser Elegien taucht er aus dem Spiegel seiner Bilder auf und sieht um sich, klagend. Hier klingt das aus, was der junge englische Dichter in seinen Oden als erster angestimmt hatte, klingt aus auf eine supreme, einzige Art, klingt deutsch aus.
Rainer Maria Rilke zum zwanzigsten Todestag (1946). In: Kassner: Rilke. Gesammelte Erinnerungen. Pfullingen 1976, 28

Boris Pasternak
Ich war immer der Ansicht, daß ich in meinen eigenen Versuchen, in meinem ganzen Schaffen nichts weiter getan habe, als ihn [Rilke] zu übersetzen oder seine Motive zu variieren, ohne etwas seiner Welt hinzuzufügen und immer in seinem Fahrwasser schwimmend.
An M. Aucouturier am 4. Februar 1959, zit. nach Konstantin Asadowski in RR 72

Michael Krüger
Er hat, um die Jahrhundertwende, den anderen Klang in das Getöse gemischt, der bleiben wird, wenn mit dem Jahrhundert der Lärm sich verzogen hat. Dieser andere Klang überwölbt die Geschichte der Avantgarde. Wenn im nächsten Jahrhundert sich noch jemand für Poesie interessieren sollte, dann wird man auf Rilke zurückgehen, ihn aufsuchen, seine Spuren verfolgen, die nun seit Jahren in vielen Ländern zu finden sind. Auch dort übrigens, wo man seine Mitgift am wenigsten vermutet, bei der deutschen Poesie, die nach dem Zweiten Weltkrieg geschrieben wurde.
Zit. nach: Rilke. 4. Dezember 1875 – 29. Dezember 1926. Frankfurt a. M. und Leipzig 1996, 20

Ulrich Fülleborn
Rilke ist in einer ganz besonderen Weise als Dichter der Zukunft angetreten, und ist es geblieben. Nicht in einem irgendwie begrenzten Sinn, als habe er morgen eine andere Welt und einen anderen Menschen herstellen wollen […]. Vielmehr war fast alles, was er dachte und schrieb, in einem nicht festgelegten Sinn, nicht einengenden Sinn zur Dimension der Zukunft hin offen.
Rilke – ein Dichter der Zukunft. In: Rilke heute. Der Ort des Dichters in der Moderne. Hg. von Vera Hauschild. Frankfurt a. M. 1997, 8

Bibliographie

Im Folgenden wird eine nur kleine Auswahl aus der kaum überschaubaren Fülle der Rilke-Literatur zusammengestellt. Dabei wurden ausschließlich selbständige Veröffentlichungen und Sammelbände der jüngeren Zeit berücksichtigt. Für weiterführende Literatur sei auf die im Abschnitt 3 aufgeführten Hilfsmittel, insbesondere auf das Rilke-Handbuch und die sorgfältig die Neuerscheinungen verzeichnende Jahresbibliographie in den Blättern der Rilke-Gesellschaft verwiesen. (RMR = Rainer Maria Rilke)

1. Werk- und Sammelausgaben

Sämtliche Werke (**SW I–VI**), 6 Bde. Hg. vom Rilke-Archiv, besorgt durch Ernst Zinn. Frankfurt a. M. 1987
Sämtliche Werke (**SW VII**), Übertragungen. Hg. vom Rilke-Archiv, besorgt durch Walter Simon, Karin Wais und Ernst Zinn. Frankfurt a. M. 1997
Werke. Kommentierte Ausgabe (**KA I–IV**), 4 Bde. Hg. von Manfred Engel, Ulrich Fülleborn, Horst Nalewski und August Stahl. Frankfurt a. M. 1996
Werke. Kommentierte Ausgabe (**KA Suppl.**), Supplementband: Gedichte in französischer Sprache. Hg. von Manfred Engel und Dorothea Lauterbach. Frankfurt a. M. 2003
Das Testament. Hg. von Ernst Zinn. Frankfurt a. M. 1976

2. Briefe und Tagebücher

Briefe (**BA**), 3 Bde. Hg. vom Rilke-Archiv, besorgt von Karl Altheim. Frankfurt a. M. 1987
Briefe in zwei Bänden (**BN I–II**).
Hg. von Horst Nalewski. Frankfurt a. M.–Leipzig 1991
Briefe zur Politik (**BzP**). Hg. von Joachim W. Storck. Frankfurt a. M.–Leipzig 1992
RMR / Lou Andreas-Salomé. Briefwechsel (**LAS**). Hg. von Ernst Pfeiffer. Frankfurt a. M. 1989
RMR / André Gide. Briefwechsel. Hg. von Renée Lang. Wiesbaden 1957
RMR. Die Briefe an Karl und Elisabeth von der Heydt. Hg. von Ingeborg Schnack und Renate Scharffenberg. Frankfurt a. M. 1986
RMR / Anton Kippenberg. Briefwechsel. 2 Bde. Hg. von Ingeborg Schnack und Renate Scharffenberg, Frankfurt a. M.–Leipzig 1995
RMR / Merline [Baladine Klossowska]. Correspondance (**Mer**). Hg. von Dieter Bassermann. Zürich 1954
RMR / Marie von Thurn und Taxis. Briefwechsel (**TT**). 2 Bde. Hg. von Ernst Zinn. Frankfurt a. M. 1986
RMR. Briefe an Nanny Wunderly-Volkart. 2 Bde. Hg. von Rätus Lück. Frankfurt a. M. 1977
Tagebücher aus der Frühzeit [1898–1901] (**TF**). Hg. von Ruth Sieber-Rilke und Carl Sieber. Leipzig 1942
Tagebuch Westerwede und Paris 1902. Hg. von Hella Sieber-Rilke. Frankfurt a. M. 2000

3. Hilfsmittel und Nachschlagewerke

Blätter der Rilke-Gesellschaft, Nr. 1 ff. (1972 ff.). Seit 1978 mit fortlaufender Rilke-Bibliographie von Kurt Klutz, seit 1992 fortgeführt von Stefan Schank (auch im Internet abrufbar unter http://www.rilke.ch)
Szász, Ferenc: Chronologische Konkordanz zu RMRs gedruckter Korrespondenz. 2006; im Internet abrufbar unter: http://www.rilke.ch / briefkonkordanz.pdf
Schnack, Ingeborg (**RCh**): RMR.

Chronik seines Lebens und Werkes. Frankfurt a. M. 1996

[Marbacher Ausstellungskatalog] (**MA**). RMR 1875 – 1926. Hg. von Joachim W. Storck. München 1975

Rilke-Handbuch (**RHb**). Leben – Werk – Wirkung. Hg. von Manfred Engel. Stuttgart 2004

Stahl, August: Rilke-Kommentar [1] zum lyrischen Werk, [2] zu den «Aufzeichnungen des Malte Laurids Brigge», zur erzählerischen Prosa […]. 2 Bde. München 1978 f.

Materialien zu RMR: «Die Aufzeichnungen des Malte Laurids Brigge». Hg. von Hartmut Engelhardt. Frankfurt a. M. 1974

Materialien zu RMRs «Duineser Elegien». 3 Bde. Hg. von Ulrich Fülleborn und Manfred Engel. Frankfurt a. M. 1980 – 82

«Die Weise von Liebe und Tod des Cornets Christoph Rilke». Text – Fassungen – Dokumente. Frankfurt a. M. 1974

4. Biographien und Bildbände

Demetz, Peter: René Rilkes Prager Jahre. Düsseldorf 1953

Freedman, Ralph (**Freedman I, II**): RMR. 2 Bde. Frankfurt a. M.–Leipzig 2001 / 02

Leppmann, Wolfgang: Rilke. Sein Leben, seine Welt, sein Werk. Bern 1993

Mason, Eudo C.: RMR. Sein Leben und sein Werk. Göttingen 1963

Nalewski, Horst: Rilkes Leben, Werk und Zeit in Texten und Bildern. Frankfurt a. M. 1992

Prater, Donald: Ein klingendes Glas. Das Leben RMRs. München–Wien 1989

Salis, Jean Rudolf von (**Salis**): Rilkes Schweizer Jahre. Frankfurt a. M. 1975

Schnack, Ingeborg: RMR. Leben und Werk im Bild. Mit einer biographi-

schen Einführung und Zeittafel. Frankfurt a. M. 1996

5. Sammelbände und Untersuchungen zum Werk

Rilke heute. Bd. I und II: Beziehungen und Wirkungen. Hg. von Ingeborg Solbrig und Joachim W. Storck. Frankfurt a. M. 1975 f.

Rilke heute. Bd. III: Der Ort des Dichters in der Moderne. Hg. von Vera Hauschild. Frankfurt a. M. 1997

Rilke und Rußland (**RR**). Briefe, Erinnerungen, Gedichte. Hg. von Konstantin Asadowski. Berlin–Weimar 1986

RMR und die Schweiz (**CH**). Hg. von Jacob Steiner. Zürich 1992

Engel, Manfred: RMRs Duineser Elegien und die moderne deutsche Lyrik. Stuttgart 1986

Engel, Manfred, Dieter Lamping (Hg.): Rilke und die Weltliteratur. München 1999

Engelhardt, Hartmut: Der Versuch, wirklich zu sein. Zu Rilkes sachlichem Sagen. Frankfurt a. M. 1973

Görner, Rüdiger (Hg.): RMR. Darmstadt 1987 (Wege der Forschung 638)

Görner, Rüdiger: RMR. Im Herzwerk der Sprache. Wien 2004

Groddeck, Wolfram (Hg.): Gedichte von RMR. Interpretationen. Stuttgart 1999

Löwenstein, Sascha: Poetik und dichterisches Selbstverständnis. Einführung in RMRs frühe Dichtungen. Würzburg 2004

Schank, Stefan: Kindheitserfahrungen im Werk RMRs. St. Ingbert 1995

Schwarz, Egon: Das verschluckte Schluchzen. Frankfurt a. M. 1972

ÜBER DIE AUTOREN

Gunter Martens, geboren in Hamburg. Studium der Germanistik, Philosophie und klassischen Philologie an den Universitäten Hamburg und Münster. Promotion 1968 über den Lebenskult im Expressionismus. Ab 1960 wissenschaftlicher Mitarbeiter, dann Wissenschaftlicher Rat an der Universität Hamburg. 1977 Berufung als Professor für deutsche Literaturwissenschaft an das Literaturwissenschaftliche Seminar (später: Seminar für Germanistik II) der Universität Hamburg. Emeritierung 1999.

Annemarie Post-Martens, geboren in Emden / Ostfriesland. Studium der Germanistik, Geschichte, Philosophie und Erziehungswissenschaft in Hamburg. Erstes und zweites Staatsexamen sowie Promotion zum Dr. phil., ebenfalls in Hamburg. Literaturwissenschaftlerin. Beide Autoren publizierten zahlreiche Bücher und Aufsätze zur Geschichte der neueren deutschen Literatur. Gunter Martens veröffentlichte 1996 die Rowohlt-Monographie «Friedrich Hölderlin».